温州大典

歷代古籍編

中華書局

經部

稿本禮記集解

〔清〕孙希旦 撰

第二册

卷十

禮記卷十

檀弓下第四之一

瑞安孫希旦集解

君之適長殤車三乘，公之庶長殤車一乘，大夫之適長殤車一乘。釋文：適，丁歷反，下適室同。長，竹丈反。殤，式羊反。乘，繩證反。

鄭氏曰：皆下成人也。自上以而下，降殺以兩。成人遣車五乘，長殤三乘，下殤一乘，尊卑以此差之。庶子言公，卑遠之。大功之殤，中從上。愚謂凡遣車無直言車者，此車謂生時所乘、葬時用為魂車者也。士喪禮薦車三乘，乘車載皮弁服，道車載朝服，槀車載蓑笠。左傳齊葬莊公下車七乘，說者謂齊舊用上公禮車九乘，故以七乘為貶。以此差而上下之，則天子十二乘，諸侯七乘，大夫五乘。君之適子降於君，車宜五乘，殤降於成人，故三乘。庶殤降於適殤，故一乘。大夫適子降於大夫，車宜三乘，殤降於成人故一乘也。上篇云：周人以殷人之棺椁葬長殤，以夏后氏之堲周葬中殤、下殤，則送死之物，中殤、下殤爲一等。君之適中下殤車皆一乘也。然葬必有魂車，自一乘以下不容復降，則公之庶中下殤，大夫之庶殤，士之殤，皆一乘與？

○公之喪，諸達官之長杖。釋文長竹丈反

有位於朝者曰達官，達官之長謂大夫也。達官爲君皆杖，而曰諸達官之長杖者，謂以杖即位也。喪大記曰：君之喪，大夫寢門之外杖，寢門之内輯之。特輯之而已，則得以杖即位矣，此達官之長杖也。喪服傳曰：公士大夫之喪，衆臣杖不以即位。則諸侯之士杖不以即位可知，此達官而非長，則不杖也。○注謂有官職而不達於君則不服斬，非也。既有官職，豈有不服斬者？疏謂不達於君爲府史之屬，亦非也。府史之屬特庶人在官者耳，其

為君齊衰三月而已安得與公卿大夫論其杖不杖之差乎

○君於大夫將葬弔於宮及出命引之三步則止如是者三君退朝亦如之哀次亦如之釋文朝直遥反

宮柩所朝之廟也將葬弔於宮謂葬日柩將行而君弔之也出謂柩出廟門也命引之者命人執引以引柩車也弔於葬者必執引君尊故使人引之以致其意每引三步三引則九步也禮成於三朝謂葬前一日柩朝廟之時也次孝子居喪之所次舍廬堊室之處也士喪禮主人揖就次是也哀次者柩至次則孝子哭踊以致其哀士喪禮乃行踊無筭是也君之來時不一或當柩朝廟之時或當柩已出宮至喪次之時皆如弔於宮之禮命引之者三也○鄭氏謂宮為殯宮非也士喪禮啓殯即遷於祖固無可行弔禮之節而柩至祖廟設奠薦車之後乃云賓明

滅燭則啟殯時尚昧爽君之弔必不能遽及乎此時而來也又鄭氏謂引之為以義奪孝子亦非也君使人引車特以致其執紼助葬之意非有他義也又鄭氏以次為大門外接賓客之處

是上脫非字

亦是說見曾子問

五十無車者不越疆而弔人釋文疆居良反

鄭氏曰氣力始衰愚謂老者不以筋力為禮故不越疆而弔人

季武子寢疾蟜固不說齊衰而入見曰斯道也將亡矣士唯公門說齊衰武子曰不亦善乎君子表微及其喪也曾點倚其門而歌釋文蟜居表反說他活反本亦作稅徐又音申銳反見賢遍反點多忝反倚于綺反徐其綺反

鄭氏曰季武子魯大夫季孫夙也世為上卿強且專政國人事之如君蟜固能守禮不畏之矯失俗也道猶禮也武子無如之何佯若善之表明也倚門而歌明己不與也點字晳曾參父愚

謂蟜固不以強臣之勢奪其所守而又自言其故以以正君臣之
分其所以嬌諂畏讋僭竊者深矣微小也言禮之微小者唯君
子能表明之稅齊衰於私門非失禮之小而武子之言如此亦
自文之辭也武子雖恨蟜固而其所據者乃先王之禮故不能
以為非而反以為善於此見禮之可以守身而無畏於強暴也
及武子卒而曾點倚其門而歌蓋亦以示其不畏季氏之意故
記者因蟜固之事而併記之然歌於有喪者之門則非禮矣○
萬氏（斯大）曰季武子卒在魯昭公七年孔子方十七歲四子侍
坐點齒在子路下子路少孔子九歲時方八歲曾點當益幼矣
倚門而歌必無是事

此注當移前

○大夫弔當事而至則辭焉

孔氏曰始喪哀戚甚小斂以前不為大夫出也正當小斂之節

鄭氏云大夫出止在孔氏段上

大夫來弔則辭之以有事斂畢當踊之時絶踊而拜之或大夫正當斂後踊時而來則亦絶踊拜之故雜記云當袒大夫至雖踊絶踊而拜之若士來弔雖當斂不告以有事事畢踊後然後拜之鄭氏曰辭告也擯者以主人有事告也主人無事則為大夫出愚謂大夫尊來弔當即拜之若當事未得拜則宜告之以其故也主人雖未拜弔者皆入即位矣故上篇子游裼裘而弔主人既小斂袒括髮子游趨而出襲裘帶絰而入是知主人雖有事未得拜賓弔者已先入也喪大記云士於大夫不當斂則出則不當事雖未小斂固為大夫出矣士喪禮惟君出謂未襲以前也

○弔於人是日不樂釋文日入一反樂音岳又音洛

鄭氏曰君子哀樂不同日子於是日哭則不歌

○婦人不越疆而弔人

婦人無境外之事也惟三年之喪則越疆而弔

○行弔之日不飲酒食肉焉釋文日人一反

鄭氏曰以全哀也

○弔於葬者必執引若從柩及壙皆執紼釋文引音胤壙苦晃反又音曠後同紼音弗

鄭氏曰示助之以力車曰引柩曰紼從柩羸者孔氏曰引柩車索也引者長遠之名車行遠也紼引棺索也紼是撥舉之義棺惟撥舉不長遠也弔本為執喪事故必助引柩車及至也凡執引用人貴賤有數若其數足則餘人不得遙行皆散而從柩至壙下棺窆時則不限人數皆悉執紼示助力也愚謂引紼一物也在塗時屬於柩車謂之引載時及至壙說載除飾皆屬於棺謂之紼王制疏云停住之時指其繒體則謂之紼若在塗人挽

而行之則謂之引是也此疏以紼為撥舉乃據孺子䵏章註為説非確義也又既夕禮屬引鄭註云在軸輴曰紼在軸輴謂朝廟時也朝廟時柩雖行而不遠故亦不謂之引而謂之紼也

○喪公弔之必有拜者雖朋友州里舍人可也弔曰寡君承事主人曰臨釋文臨如字徐力鴆反

此謂在他國而死者也公弔之謂所死國之君弔之也拜謂為主以拜賓也州里謂死者同州里之人今同在他國者舍人謂死者今在他國所館舍之人也死於他國者其親屬或不從行則朋友及州里之人同在此國者或又無朋友州里則此國所館舍之人皆可為主而拜君也喪有無後無無主則死於異國若雖非公弔固非有拜賓者矣嫌君尊其禮或異故以明之承助也弔以助主人之喪事也曰寡君者稱於異國臣之辭也曰

臨者尊君之辭蓋曰君辱臨某之喪

○君遇柩於路必使人弔之

鄭氏曰君於臣民有父母之恩愚謂大夫士之喪必赴於君君當弔於其家若未仕之士及庶人之喪赴告不及於君君不能悉弔也若遇其柩於路必使人弔之所以廣仁恩也

○大夫之喪庶子不受弔

鄭氏曰不以賤者為有爵者主孔氏曰不受弔謂不為主人也適子為主受弔拜賓若適子或有他故不在則庶子不敢受弔明己卑避適也言大夫庶子不受弔則士之庶子得受弔也

○妻之昆弟為父後者死哭之適室子為主袒免哭踊夫入門右使人立於門外告來者狎則入哭父在哭於妻之室非為父後者哭諸異室釋文免音問使色吏反又如字狎戶甲反

鄭氏曰哭之適室以其正也狎相習知者哭於妻之室不以私喪干尊孔氏曰適室正寢也禮女子子適人者為昆弟之為父後者不降故姊妹之夫為之哭於適室之中庭愚謂此亦為位而哭者也子為主者妻之兄弟無服而子為舅服緦故使之為主而拜賓袒免哭踊者哭有服之親之禮然也為主者在中庭西面夫入門而右亦西面在其子之少南凡哭而為位者哭者與主人必同面而以親疏為敘列也申祥之哭言思婦人倡踊此哭妻之兄弟婦人亦當在阼階上之位但子既為主則其子倡踊矣子為主者常禮也無子乃使婦人倡踊耳使人立於門外告來者謂人有聞哭而來者則告以所為哭之人蓋凡哭人者之禮皆然狎則入哭謂所親狎之人則當入而弔哭也父在哭於妻之室此謂父子同宮者也若父子異宮雖父在亦哭諸

適室也異室側室也非為父後者降於適子故哭諸側室子已子也甥服舅緦故命己子為主受弔拜賓也袒免哭踊者冠尊不居肉袒之上故凡哭哀則踊踊必先袒袒必去冠而加免也使人立於門右告來者以門內有哭則鄉里聞之必來相弔故主人使人出門外告語來弔者述所哭之人也狎則入哭者若弔人與此亡者相識狎習當進入共哭也父在哭於妻之室者此夫若父在則適室由父故但於妻室之前而哭之亦子為主也案奔喪禮妻之黨哭諸寢此哭於適室及異室者寢是大名雖適室及妻室異室總皆曰寢鄭氏謂夫入門右北面孔氏云鄭知此北面者子既為主在阼階下西面父若又西面便似二主也又曾子問云衛靈公弔季康子魯哀公為主康子立於門右北面辟主人之位故知此當北面辟主人之位也愚謂士喪

禮主人衆主人衆賓皆西面初不以二主為嫌何以此父與子同西面則嫌二主乎君弔於臣主人之位皆在門右北面故季康子於衛靈公之弔亦然初不以辟主人之位也鄭氏謂夫入門右北面蓋據曾子北面而弔之文孔疏所言殊失鄭義但鄭註本非曾子北面而弔乃弔於不為位者之禮非可以例此也

○有殯聞遠兄弟之喪哭于側室無側室哭于門内之右同國則往哭之

鄭氏曰哭於側室嫌哭殯也哭於門内之右近南者為之變位同國則往哭之喪無外事孔氏曰遠兄弟之喪謂異國也内則云庶人無側室尋常為主當在阼階東西面今稱門内之右是非常哭之處近門而近於南也鄭云近南則猶西面但近南耳同國則往哭異國則否者以其已有喪不得嚮他國也愚謂上篇言有殯聞遠兄弟之喪雖緦必往以不同居而謂之遠也此云

有殯聞遠兄弟之喪哭于側室以不同國而謂之遠也側室室在寢室之旁側者也兄弟哭于廟此不於廟者喪自未啟以前於廟皆無事焉不宜忽以哭輕喪而至也門內殯宮之門內也哭諸門內之右謂在中庭之少南而西面所以別於哭殯之位也不哭於寢門之外者以其為內親也雜記曰有殯聞外喪哭之他室入奠卒奠出改服即位如始即位之禮

○子張死曾子有母之喪齊衰而往哭之或曰齊衰不以弔曾子曰我弔也與哉釋文與音餘

哭與弔不同弔者所以慰人之戚哭者所以自致其哀上篇云有殯聞遠兄弟之喪雖緦必往雜記云三年之喪雖功衰不弔如有服而將往哭之則服其服而往孔子於門人猶父子則曾子於子張猶兄弟故援有殯哭兄弟之義而往哭之非弔也為

朋友弔服加麻而曾子齊衰而往不服其服者盖兄弟骨肉也其恩由父而推故可以釋服而服其服朋友異姓也其恩由己而成則不可以釋服而服其服矣哭之者情之所不可已不服其服者禮之所不容過也

○有若之喪悼公弔焉子游擯由左釋文悼音道擯必忍反

鄭氏曰悼公魯哀公之子擯相侑喪食〔禮〕者喪禮廢亡時人以為此儀當如詔辭而皆由右是善子游正之孔氏曰少儀詔辭自右鄭云為君出命也案立者尊右己傳君之詔辭詔辭為尊則宜處右若喪事則惟賓主居右而已自居左當時禮廢言相喪亦如傳君詔辭己自居右子游知禮故正之

○齊穀王姬之喪魯莊公為之大功或曰由魯嫁故為之服姊妹之服或曰外祖母也故為之服釋文穀音告又古毒反為于偽反

鄭氏曰穀當為告聲之誤也王姬周女齊襄公之夫人春秋周女由魯嫁卒服之如內女服姊妹是也天子為之無服嫁於王者之後乃服之莊公齊襄公女弟文姜之子當為舅之妻非外祖母外祖母又小功也孔氏曰莊元年秋築王姬之館於外下書王姬歸於齊是由魯嫁也莊十一年王女共姬為齊桓公夫人知此王姬非齊桓公夫人者以桓公夫人經無卒文是不告於魯莊二年書王姬卒是襄公夫人此言齊告王姬之喪故知是襄公夫人王姬是莊公舅妻不得為外祖母假令外祖母正合小功不服大功此或人之言有二非也○趙氏曰齊告王姬之喪魯莊公為之服大功此禮所未有魯人以我主其昏欲以說齊耳公為之服姊姑妹之服故書卒同內女後齊桓王姬亦魯主之而卒不書可見主昏脩服之非禮而桓公不可以非

禮説故弗為也

○晋獻公之喪秦穆公使人弔公子重耳且曰寡人聞之亡國恒於斯得國恒於斯雖吾子儼然在憂服之中喪亦不可久也時亦不可失也孺子其圖之釋文重直龍反嚴魚檢反本亦作儼喪息浪反孺如樹反

晋獻公名詭諸秦穆公名任好公子重耳獻公子後立為文公文公為驪姬所譖出亡在狄而獻公薨穆公使人就弔之且曰者致弔辭之後復言此也斯謂喪代之際也喪失位也穆公欲納文公故勸其因喪代之際以圖反國

以告舅犯舅犯曰孺子其辭焉喪人無寶仁親以為寶父死之謂何又因以為利而天下其孰能説之孺子其辭焉公子重耳對客曰君惠弔亡臣重耳身喪父死不得與於哭泣之哀以為君憂父死之謂何或敢有他志以辱君義稽顙而不拜哭而起起而不私釋文與音預稽音啟顙桑黨反

校注訂

舅犯文公舅狐偃字子犯仁親仁愛其親也言為人子者當以愛親為寶若因父死以求反國則是利父之死非人子愛親之心矣舅犯勸文公辭秦使而文公從其言也稽顙而不拜但自致其哀而不拜賓蓋庶子在外受弔之禮也適子受弔則拜稽顙起而不私與使者無私言也

子顯以致命於穆公穆公曰仁夫公子重耳夫稽顙而不拜則未為後也故不成拜哭而起則愛父也起而不私則遠利也釋文顯（依註）音㬎呼遍反徐苦見反夫音符遠于萬反

鄭氏曰使者公子縶也虞（盧）氏云古者名（字）氏相配顯當作㬎愚謂未為後者文公不受穆公之命故不敢以喪主之禮自居也文公譎而不正非能誠於愛親者然當時晉人與之秦伯助之有可以得國之勢而不欲因喪以圖利則居然仁者之心其視惠

公之重賂以求入者相去遠矣此所以卒能反國而霸諸侯與

○帷殯非古也自敬姜之哭穆伯始也

鄭氏曰穆伯魯大夫季悼子之子公甫靖也敬姜穆伯妻文伯歜之母也禮朝夕哭不帷孔氏曰孝子思念其親故朝夕哭時褰徹其帷敬姜少寡辟嫌故朝夕哭不復徹帷表夫之遠色也

○案春秋文十五年公孫敖之喪聲己不視帷堂而哭公孫敖亦是穆伯此不云聲己之哭穆伯始者聲己哭在堂下是帷堂非帷殯也愚謂婦人無堂下哭位聲己之哭亦當在堂上但聲己以怨恨穆伯而帷堂人不取法自敬姜行此人以為知禮而慕效之故言帷殯自敬姜始也

○喪禮哀戚之至也節哀順變也君子念始之者也

鄭氏曰始猶生也念父母生我不欲傷其性孔氏曰凡人或有

禍災雖或悲哀未是至極惟遭父母喪禮是哀戚之至極也既是至極恐其傷性故辟踊有節筭裁節其哀也所以節哀者欲順孝子悲哀使之漸變也愚謂下文所言自復至於虞祔皆歷據喪禮而釋其義而此則揔釋喪禮之義也大宗伯以凶禮哀邦國之憂其目有五而惟喪禮為哀戚之至蓋人之哀戚莫甚於哀其父母之死也節哀者謂始死哭不絕聲既殯則有朝夕與無時之哭卒哭有朝夕哭練不復朝夕哭但有思憶無時之哭祥而外無哭禫而內無哭所以節限其哀也順變者謂順其哀之隆殺而漸變之而輕也蓋人之於其父母也死至不窮若不為之節限必將至於滅性矣君子念父母生我之心必不欲其如此是以雖至哀而必為之節也

○復盡愛之道也有禱祠之心焉望反諸幽求諸鬼神之道也北面求

諸幽之義也釋文禱丁老反一音丁到反祠音詞

鄭氏曰復謂招魂望求諸幽鬼神處幽暗望其從鬼神所來禮復者升屋北面愚謂盡愛之道謂盡愛親之道也禱祠禱於神以祈親之生士喪禮疾病行禱五祀是也復亦所以求親之生故曰有禱祠之心人子於親之將死至情迫切所以求其生者無所不至故復與禱為事不同而其為心一也復者北面北者幽陰之方也人死則有鬼神之道鬼神處於幽陰故望其方而求之也

○拜稽顙哀戚之至隱也稽顙隱之甚也

鄭氏曰隱痛也稽顙觸地無容愚謂拜所以禮賓稽顙所以致哀故二者皆為至痛而稽顙之痛為尤甚

○飯用米貝弗忍虛也不以食道用美焉爾釋文飯扶晚反

據疏改

鄭氏曰尊之也食道褻米貝美孔氏曰飯用米貝不忍虛其口也飯食人所造作為褻米貝天性自然為美案喪大記君沐粱大夫沐稷士沐粱飯用沐米士用粱謂天子之士諸侯之士用稻士喪禮稻米一豆實于筐是也以次差之天子當沐黍是天子飯用黍也周禮典瑞云大喪共飯玉含玉鄭註云含玉如璧形而小是天子含用璧雜記云含者執璧將命是諸侯亦含以璧也卿大夫無文案成十七年公孫嬰齊夢贈瓊瑰註云食珠玉含象則卿大夫蓋用珠也士喪禮用貝三依雜記則大夫當五諸侯七大夫（天子）九愚謂米所以飯貝所以含通而言之則米貝皆謂之飯故曰飯用米貝飯用沐米喪大記士沐粱士喪禮沐稻蓋列國土宜不一而士或不能備有故隨所有而用之非必天子諸侯之士之異也弗忍虛者所以為愛不以食道者又所

以為敬也詩毛傳云瓊瑰石而次玉又左傳哀十一年齊陳子命其徒具含玉是大夫含亦用玉也雜記自天子至士皆用貝是大夫以上兼用貝玉士則惟用貝也

○銘明旌也以死者為不可別已故以其旗識之愛之斯錄之矣敬之斯盡其道焉耳釋文銘音名旌音精別彼列反本或無已字識式志反皇如字

鄭氏曰明旌神明之旌不可別形貌不見孔氏曰案士喪禮為銘各以其物又司常云大喪共銘旌註云王則大常案司常云王建大常諸侯建旂孤卿建旜大夫士建物則銘旌亦然士喪禮長三尺大夫五尺諸侯七尺天子九尺若不命之士則士喪禮云以緇長半幅長一尺䞓末長終幅長二尺總長三尺愚謂錄之謂識其名而存錄之也盡其道謂其采章尺度必視其爵位而為之也愛之故不敢忘敬之故不敢苟此二句申言銘旌

之義註疏以重與奠言非也
○重主道也殷主綴重焉周主重徹焉釋文重直龍反綴竹劣反又竹衛反
鄭氏曰始死未作主以重主其神也重既虞而埋之乃後作主春秋傳曰虞主用桑練主用栗綴猶聯也殷人作主而聯其重縣諸廟也去顯考乃埋之按鄭據祭法以高祖為顯考說見本篇周人作主徹重埋之孔氏曰案士喪禮士有重無主而此云重主道者此據天子諸侯有主者言之始死作重猶若木主主者吉祭所以依神在喪重亦所以依神故曰重主道也殷人始殯置重於廟庭作虞主訖則綴重縣於新死者之廟死者世世遞遷其重常在至去離顯考乃埋其重及主以其既遷無廟也周人作主則埋其重於門外之道左也○孔氏曰遷廟早晚左氏以為三年喪畢乃遷廟故僖三十三年左氏傳云烝嘗禘於廟杜服皆以為三

年禘祭乃遷此廟鄭則以為練時則因禘而遷廟主故鄭註士虞禮以其班祔之下云練而遷廟鄭必謂以練者以文二年作僖公主穀梁傳云於練焉壞廟壞廟之道易檐可也改塗可也范甯云親遇〔過〕高祖則毀其廟以次而遷將納新神故示有所加是鄭之所據朱子曰吉凶之禮其変有漸故始死全用事生之禮既卒哭祔廟然後神之然猶未盡変故主復於寢至三年而遷於廟也其遷廟一節鄭氏用穀梁練而遷廟之説杜氏用賈逵服虔之説則以三年為斷其間同異得失雖未有考然穀梁但言壞舊廟不言遷新主則安知其非練而遷舊主至三年而納新主耶又曰大戴禮諸侯遷廟篇云君及從者皆玄服則是三年大祥之後既除喪而後遷矣其詞但告遷而不言祔則是既祔之後主復於寢而至此方遷於廟矣如穀梁云易檐改塗

禮志云更釁其廟則是必先遷高祖於太廟夾室然後可以壞釁其故廟而納祖考之主又俟遷祖考於新廟然後可以壞釁其故廟而納新祔之主矣如左氏云特祀於寢而國語有日祭之文則是主復寢後猶日上食矣愚謂既葬猶朝夕哭不奠士喪禮有明文國語日祭自謂未葬之奠耳但穀梁所謂練而壞廟乃在三年之內似恐太速禮志所謂釁廟而移故主乃不俟其廟之虚而遽壞之恐非人情愚謂大戴禮遷廟篇首言成廟將遷之新廟而其祝辞曰孝嗣侯某敢以嘉幣告于皇考某侯成廟將徙敢告此謂三年喪畢以新死者之主遷之於廟也穀梁傳云練而壞廟此謂既練之後遷其親盡者之主也蓋既祔之後主還於寢新主練祥之祭皆于寢而宗廟則復行時祭左傳所謂特祀於主烝嘗禘於廟也至練距大祥尚一年姑以諸侯之禮言之中間宗廟有三祫祭或二祫祭如有

二祫則於第一祫祭畢而遷高祖之主於大祖之夾室于是高祖之廟虛而可以改塗易檐而修之矣第二次祫祭畢而遷祖之主於高祖廟于是祖之廟虛而可以改塗易檐而修之矣至喪畢而納新主於祖之廟焉若天子三昭三穆而練祥相距中容三祫其遞遷之法亦如此遷廟禮但言新主之入廟而不言舊主之去廟則舊主固已先遷矣以是知練後因祫祭而遷舊廟穀梁之說確然可據不容復致疑於其間而喪中於宗廟非竟不祭左氏所謂烝嘗禘於廟及晉葬悼公烝於曲沃者未可以其出於春秋之亂世而非之也

○奠以素器以生者有哀素之心也唯祭祀之禮主人自盡焉耳豈知神之所饗亦以主人有齊敬之心也釋文齊側皆反

鄭氏曰哀素言哀素無飾也凡物無飾曰素哀則以素敬則以

飾禮由人心而已愚謂祭則有尸有不歆食之禮葬前不立尸直以饌具奠置於地而已故曰奠祭祀之禮謂既葬之後虞祔練祥皆立尸而行祭禮也奠用素俎瓦敦毼豆無縢之籩皆素器也至虞而籩豆俎敦之屬皆用吉祭之器矣蓋奠主哀故器無飾祭主敬故器有飾自盡謂自盡其敬神之心而不敢用初喪之素器也豈知神之所饗必於此有飾之器乎亦以主人自盡其齊敬之心耳

○辟踊哀之至也有筭為之節文也釋文辟婢亦反筭桑乱反

鄭氏曰筭數也孔氏曰撫心為辟跳躍為踊孝子喪親哀慕至懣男踊女辟是哀痛之至極若不節限恐傷其性故辟踊有筭為準節文章準節之數其事非一每一踊三跳三踊九跳為一節士三踊大夫五踊諸侯七踊天子九踊故云為之節文愚謂

接疏行

有筭之義有二一是每踊三者三為一節一是天子至士多少有差故疏云準節之数其事非一也

○袒括髮變也慍哀之變也去飾去美也袒括髮去飾之甚也有所袒有所襲哀之節也釋文括觀潤反慍庚皇紆粉反又紆運反徐又音鬱去羌呂反

孔氏曰袒衣括髮者是孝子形貌之變悲哀慍恚者是孝子哀情之変也去其吉時服飾者是去其華美也去飾雖有多途而袒括髮為去飾之最甚也孝子悲哀理應常踊（袒）何以有所袒有所襲蓋哀甚則袒哀輕則襲哀之節限也愚謂袒括髮者飾之變於外也慍者情之変於中也上以二者兼（並）言而下乃專以袒括髮言之者以哀情之変其事易明不煩申釋也

○弁絰葛而葬與神交之道也有敬心焉周人弁而葬殷人冔而葬釋文冔況甫反

鄭氏曰接神之道不可以純凶天子　變服而葬既虞卒哭

受據注改

乃復變服也踰時則哀久而敬生敬、　不飾大夫士三月而葬未踰時愚謂弁爵弁也士冠記云周弁殷冔夏收此三者皆士之祭冠也下文云周人弁而葬殷人冔而葬以弁與冔並言其為爵弁明矣弁絰葛謂爵弁而加葛絰即前所謂爵弁絰紂衣之服也士喪禮葬不變服弁絰葛而葬人君之禮也與神交之道者始死全用事生之禮將葬而漸神之故變服而葬以交於神明者不可以不敬也蓋大夫士之父全乎父者也其尊近致其哀而已天子諸侯之父兼乎君者也其尊遠故至葬則哀久而敬生而不敢以凶服接之觀於書之顧命則天子在喪有用吉服以行事者而曾子問世子生告殯大祝大宰大宗皆冕服皆此義也既葬反喪服而反哭

○歠主人主婦室老為其病也君命食之也　釋文歠徐昌悅反一音常悅反為于偽反食音嗣

鄭氏曰：尊者奪人易也。歠，歠粥也。愚謂此謂大夫之喪也。歠謂未殯前歠粥也。主人，主婦，死者之子與妻。室老，其貴臣也。三人者為大夫未殯皆不食，而有時歠粥者，蓋君為其困病，故命食之以粥，以尊者之命奪其情也。問喪云「鄰里為之糜粥以飲食之」，蓋士無君命，故鄰里為飲食之也。

○反哭升堂，反諸其所作也。主婦入於室，反諸其所養也。釋文：養，羊尚反。

鄭氏曰：堂，親所行禮之處。室，親所饋食之處。孔氏曰：謂葬訖反哭於廟，所以升堂者，反復於親所行禮之處，謂生平祭祀冠昏在於堂也。主婦反哭所以入於室者，反復於親所饋食供養之處。此皆謂在廟也。故既夕禮主人反哭入，升自西階，東面，主婦入于室，下始云遂適殯宮，故知初反哭在廟也。愚謂反哭者，葬時柩從廟而去，既葬則反於廟而哭，其哀也。反諸其所作

者反於死者平時祭祀冠昏所行禮而哀親之不復行禮
於是也反諸其所養者反於死者平時得饋食祭禮之處而哀
親之不復饋養於是也

●反哭之弔也哀之至也反而亡焉失之矣於是為甚

士喪禮反哭賓升自西階弔曰如之何主人拜稽顙問喪曰入門而弗見也上堂又弗見也入室又弗見也亡矣喪矣不可復見已矣故哭泣辟踊盡哀而止矣故弔無不哀而反哭為尤甚

殷既封而弔周反哭而弔孔子曰殷已慤吾從周釋文封依註音窆彼驗反下同慤本又作殻苦角反

鄭氏曰封當為窆窆下棺也慤者得哀之始未見其甚陳氏澔曰殷之禮窆畢賓就墓所弔主人周禮則俟主人反哭而後弔孔子謂殷禮大質慤者蓋親之在土固為可哀不若求親於平生所居止之所而不得其哀為尤甚故弔於墓者不如弔於家

者之情文為蕪盡也愚謂慤與七介以相見也不然則已慤之慤同言其質有餘而文不足也蓋葬事甫畢即行弔禮則於禮節怱遽而無從容之意故曰已慤不若反哭而弔則反而亡焉既是以深致其哀而於禮節亦不至於迫蹙而無序也

○葬於北方北首三代之達禮也之幽之故也釋文首手又反

鄭氏曰北方國北也孔氏曰言葬於國北及北首者鬼神尚幽闇往詣幽冥故也殯時仍南首者孝子猶若其生不忍以神待之

既封主人贈而祝宿虞尸

鄭氏曰贈以幣送死者於壙也於主人贈祝先歸孔氏曰既封謂葬既下棺也主人贈而祝宿虞尸者謂主人以幣贈死者於壙之時祝先歸宿戒虞尸案既夕禮主人贈用制幣元纁束帛又士虞記云男男尸女女尸是虞有　也愚謂虞安也葬反而

祭于殯宮以安神也虞始有尸蓋親〻形體既藏孝子之心無
所繫故立尸以象死者而事之宿進也進〻之〻使於祭時而來也
主人贈而祝宿虞尸者言祝之反而宿尸以主人之贈為節也
既反哭主人與有司視虞牲有司以几筵舍奠於墓左反日而中虞釋文舍音釋
鄭氏曰視虞牲謂日中將虞省其牲也舍奠墓左以父母形体
在此禮其神也周禮冢人凡祭墓為尸孔氏曰几依神也筵坐
神席也舍釋也奠置也墓道向南以東為左有司以几筵及祭
饌置於墓左禮地神也愚謂視牲之有司與主人偕反者也舍
奠之有司則於主人之反留於墓而舍奠者也主人歸而反哭
視牲則舍奠之有司亦可以反矣于是而行虞祭也蓋虞祭以
釋奠者之反為節也主人贈而祝宿虞尸有司反日中而虞所
謂喪事雖遽不凌節者於此可以見之日中而虞往葬而歸非

日中不足以藏事也其或墓地稍遠則虞之過乎日中者固當有之矣

葬日虞弗忍一日離也是日也以虞易奠釋文離力智反虞以安神葬日即虞不忍一日離親之神也葬前無尸奠置於地至虞始立尸以行祭禮故曰以虞易奠雜記云士三虞大夫五諸侯七則天子當九虞也虞皆用柔日假如士三虞丁日葬而虞則己日再虞辛日三虞士虞記云三虞卒哭他用剛日日哀薦成事先儒以他用剛日兼蒙三虞卒哭言之故謂後二虞改用剛日此不然也此篇及曾子問雜記皆云卒哭成事士虞記他用剛日哀薦成事之文專屬於卒哭卒哭他用剛日則知三虞三虞皆用柔日矣

重三虞二字衍

卒哭曰成事是日也以吉祭易喪祭明日祔于祖父釋文易以豉反徐音亦祔音附

柢按士虞礼

鄭氏曰虞喪祭也既虞之後卒哭而祭其辭蓋曰哀薦成事成祭事也祭以吉為成愚謂卒哭亦祭名卒止也謂此朝夕哭於殯宮至是則止殯宮為位之哭惟朝夕哭於次而已故曰卒哭而因以為其祭之名也雜記士三月而葬三月而卒哭大夫三月而葬五月而卒哭諸侯五月而葬七月而卒哭以此差之則天子七月而葬九月而卒哭也大夫以上虞與卒哭異月士虞與卒哭同月則以末虞之明日卒哭虞皆用柔日而卒哭改用剛日以死者之神將自殯宮而往祔於廟用剛日者取其變動之義故不用內事以柔日之例也曰成事謂祝辭所稱士虞記卒哭曰哀薦成事是也士虞禮主人即位于西階亨于門西牲升左胖進柢魚進鬐皆喪祭之禮也至卒哭而改用吉祭之禮故曰以吉祭易喪祭凡言吉祭有二一是喪中卒哭之祭此言

以吉祭易喪祭。曾子問「其吉祭特牲」是也。一是喪畢吉祭，士虞記「是月也吉祭，猶未配」，大戴遷廟禮「乃擇日而吉祭焉」是也。祔，卒哭明日祭之名。祔猶附也，就死者祖父之廟而祭，死者使其神附屬於祖父也。必於祖父者，祔必以其昭穆也。既附而反於寢。左傳曰：「凡君薨，卒哭而祔，祔而作主，特祀于主，烝嘗禘于廟。」特祀謂祥禫也。喪畢遇三時祫祭，則因祫而遷新主於廟。大夫士無祫祭，則亦因吉祭而遷新主也。

其變而之吉祭也，比至於祔，必於是日也接，不忍一日末有所歸也。（睪こ匕 必利反）

吳氏澄曰：卒哭之末，有餞禮送神適祖廟矣。翼異早急，宜就祖廟迎奉其神。若用虞祭之例，相隔一日而始祔祭，則卒哭後祔祭前此一日，親之神無所依歸，孝子不忍，故祔必與卒哭相接也。

愚謂：変，改也。之，往也。変而之吉祭，由喪祭変而之吉祭也。是日

萑亂也說文萑苕謂亂之義穗也詩鴟鴞疏萑苕葦二文一草不一草之名也文選苕發穎豎注苕草之苕也又葦苕見荀子勸學篇楊倞注葦之秀也此萑苕謂之秀也

卒哭之日也接連也必於是日也接謂祔祭必用卒哭之明日必於是卒哭之日相接連不忍親之神一日無所依歸也鄭氏曰日有所用接之虞禮所謂他用剛日也孔氏曰變謂變常禮所以有變者或時有迫促或事有忌諱未及葬期死而即葬者喪服小記云赴葬者赴虞三月而後卒哭彼據士禮而言速虞速虞而後卒哭之前其日尚賒不可無祭謂之為變既虞比至於祔必於是日也接謂於是三虞卒哭之間剛日而連接其祭所以必用剛日接之者孝子不忍使親每一日之間無所依歸愚謂此所言初未有以見其為變禮之意且大夫以上虞與卒哭皆間二月中間未聞別有他祭則士之赴虞而未卒哭者中間亦不當有祭也

殷練而祔周卒哭而祔孔子善殷

鄭氏曰期而神之人情也愚謂殷練而祔於練祭之明日而祔也周卒哭而祔於卒哭之明日而祔也祔畢主皆還於寢至三年喪畢而後祭於廟則殷周之所同也

○君臨臣喪以巫祝桃茢執戈惡之也所以異於生也喪有死之道焉先王之所難言也釋文茢音列徐音例杜預云黍穰也鄭註周礼云苕帚惡烏路反難乃旦反

鄭氏曰桃鬼所惡茢萑苕可埽不祥為有凶邪之氣也生人則無凶邪愚謂臨喪用巫祝者亦與神交之道也桃茢二物蓋使巫祝執之王弔則巫祝並前周禮男巫王弔則與祝前喪祝王弔則與巫前是也諸侯則至廟門而巫止祝代之降於天子也小臣二人執戈先君之常儀也臨生者但有執戈臨死者則加以巫祝桃茢者人死斯惡之矣所以與臨生者之禮異也死澌滅也難言不忍言也君於大夫士之喪於殯斂必往焉臨其尸而

撫之其於君臣之恩誼至矣然必用巫祝桃茢者蓋以死有澌滅之道先王之所不忍言故必有所恃以祛其疑畏正所以使其得盡弔哭之情也○鄭氏曰君聞大夫之喪去樂卒事而往未襲也其已襲則止巫去桃茢孔氏曰案喪大記大夫之喪將大斂君往巫止於門外祝先入士喪禮大斂而往巫止于廟門外祝代之小臣二人執戈先二人後此皆大斂之時小斂及殯無文明與大斂同直言巫止無桃茢之文喪大記雖記諸侯禮明天子亦然故鄭云已襲則止巫去桃茢也此經所云謂天子禮故鄭註士喪禮引檀弓云君臨臣喪以巫祝桃茢執戈天子禮也諸侯則使祝代巫執茢居前下天子也知此文據天子禮也鄭註士喪禮云諸侯使祝代巫執茢亦謂未襲以前也若已襲之後茢亦去之與天子同是天子臨臣之喪巫祝桃茢執戈

按喪大記改

三者並具諸侯臨臣喪未襲之前巫止祝執茢小臣執戈若既襲之後斂殯以來天子諸侯同並巫止祝代之無桃茢愚謂喪大記君於卿大夫大斂焉為之賜小斂焉左傳隱五年衆仲卒公不與小斂故不書日是君於卿大夫恩意之厚者至於與其小斂焉而止爾未聞有未襲而往者衛獻公於柳莊之卒不稅祭服而往乃因其相從於患難而然非可據為常典也鄭氏以士喪禮喪大記皆不言巫茢故此為既襲之禮然士喪禮喪大記皆謂大斂而往者故無桃茢此有桃茢者蓋君於卿大夫為之賜而小記者也謂為未襲非也諸侯至廟門而巫止則未至廟門時亦巫祝桃茢並有矣亦不必專以此所言為天子之禮也

朱字斂字原本皆誤今按文義改

○喪之朝也順死者之孝心也其哀離其室也故至於祖考之廟而后行殷朝而殯於祖周朝而遂葬釋文朝直遥反

喪之朝謂將葬以柩朝廟也為人子之禮出必告反必面柩之
朝廟象生人之出必告親順死者之孝心而為之也又以死者
之心必以離其室為哀故至於祖考之廟而後行以致其褻細
而不忍遽去之意朝廟又兼有此義也殷人以死則為神鬼神
以遠於人為尊故朝而遂殯於祖廟周人以死者之心不欲遽
離其寢處之所故至葬而後朝廟○宗精問葬母亦朝廟否焦
氏曰內豎職王后之喪朝廟則為之蹕是母喪亦朝廟明也婦
未廟見則不朝廟愚謂孔疏言天子諸侯之葬每一日朝一廟
非也士喪記有二廟者朝祖畢即朝禰不待明日是不以一日
限朝一廟矣天子諸侯之喪祝斂羣廟之主而藏之大廟尤無
事徧歷羣廟而朝之也○自喪禮哀戚之至也至此以下凡十
六條第一條總言喪禮其下十五條似皆據喪禮之成文而釋

立字衍

其義然證以士喪禮多不合如立歠主人主婦室老為其病也及君臨臣位喪以巫祝桃茢執戈則當為大夫之禮無疑至弁絰葛而葬則注疏以為人君之禮又注疏謂人君方有主則重主道也一條因重言主亦當為人君之禮矣然此十六條文體相以又首以喪禮發其端而以下逐節釋之似其所據者乃儀禮之一篇不當猶有諸侯大夫之禮則豈変服而葬虞而作主大夫以上皆然與今於前文已用舊說釋之謹復献其疑於此以俟學者更考焉

○孔子謂為明器者知喪道矣備物而不可用也哀哉死者而用生者之器也不殆於用殉乎哉釋文殉辭俊反

鄭氏曰殆幾也殺人以衛死者曰殉用其器者漸幾於用人愚謂此善夏之用明器非殷之用祭器也脩物既以致其事死如

反及字之譌

事生之意不可用又以見送死者之異於人此用明器者之所為知喪道也哀哉以下記者之言也祭器生人之器也用其器則近於用其人此用祭器之所以可哀也

其曰明器神明之也塗車芻靈自古有之明器之道也孔子謂為芻靈者善謂為踊者不仁不殆於用人乎哉釋文踊音勇

鄭氏曰神明之神明死者異於生人芻靈束草為人馬謂之靈者神之類俑偶人也有面目機發似於生人孔子是古而非周愚謂此又譏周末為俑之非也其曰明器神明之者言以神明之道待之而異於生人也此二句孔子之言記者引之以起下文所論之事也塗車芻靈皆送葬之物也塗車即遣車以采色塗飾之以象金玉芻靈束草為遣車上御右之屬反及為駕車之馬象人云言駕車象人又校人飾遣車之馬及葬埋之鄭氏云

言埋之則是馬塗車之芻靈是也芻靈不能運動亦猶明器之俻物而不可用也俑木偶人也偶寓也以其寄寓人形於木故曰偶俑踊也以其有機發而能跳踊故謂之俑由芻靈而為俑蓋周末之禮然也孔子以其象人而用之故謂為不仁

公問於子思曰為舊君反服古與子思曰古之君子進人以禮退人以禮故有舊君反服之禮也今之君子進人若將加諸膝退人若將隊諸淵毋為戎首不亦善乎又何反服之禮之有釋文為舊君于偽反下為君為使人啇與音餘膝音悉隊又作墜

喪服齊衰三月章為舊君凡三條第一條仕焉而已者為舊君第二條大夫去國者其妻長子為舊君第三條大夫為舊君傳曰何大夫之謂乎言其以道去君而未絕也穆公所問蓋謂大夫以道去國而服其舊君者乃喪服第三條之義也退人以禮即以道去君之謂也進人若將加諸膝退人若將隊諸淵則君

不以道遇其臣臣亦不以道去其君而其去而即絶也不待言矣戎首兵戎之首也此與孟子告齊宣王之言相似鄭氏引喪服仕焉而已者觧此非也穆公以舊君反服爲問而子思之所以答之者如此則知當時之服此服者蓋已寡矣若仕焉而已者爲舊君之服庶人爲國君同庶人爲國君齊衰之月未聞有服不服之異豈仕焉而已者反得不服乎

○悼公之喪季昭子問於孟敬子曰爲君何食敬子曰食粥天下之達也吾三臣者之不能居公室也四方莫不聞矣勉而爲瘠則吾能毋乃使人疑夫不以情居瘠者乎哉吾則食食釋文瘠徐在益反夫音扶食食上如字下音嗣

鄭氏曰昭子康子之曽孫名強敬子武伯之子名捷敬子言鄰國皆知吾等不能居公室以臣禮事君也三臣仲孫叔孫季孫氏存時不盡忠喪又不盡禮非也惠謂不以情居瘠言虚爲哀

瘠之貌而無哀戚之實心也為君斬衰三年始死三日不食既殯食粥至練乃食食三臣不能居公室其罪大矣没又不以禮喪之則其罪又加甚焉敬子之言粗倍如此曾子所以有出辞氣斯遠鄙倍之戒歟

衛司徒敬子死子夏弔焉主人未小斂絰而往子游弔焉主人既小斂子游出絰反哭子夏曰聞之也與曰聞諸夫子主人未改服則不絰

鄭氏曰司徒官氏公子許之後愚謂改服者主人既小斂始服未成服之麻也凡弔者之服隨主人而變主人改服則弔者加絰帶主人成服則弔者服弔衰

○曾子曰晏子可謂知禮也已恭敬之有焉

鄭氏曰禮者敬而已矣愚謂禮以恭敬為本晏子能恭敬故曾子許其知禮

有子曰晏子一狐裘三十年遣車一乘及墓而反國君七个遣車七乘大夫五个遣車五乘晏子焉知禮釋文遣棄戰反乘繩證反个古賀反焉于虔反○舊本及石經有子並作有若按據孔疏云有子孔子弟子有若是記文本作有子傳寫誤耳今正之

鄭氏曰言其太儉逼下非之及墓而反言其既窆而歸不留賓客有事也遣車之差大夫五諸侯七則天子九諸侯不以命數喪禮畧也个謂所包遣奠牲體之数也雜記曰遣車視牢具賈氏公彥曰大夫三牲九體折分為二十五苞五个諸侯苞七个天子大牢加以馬牲則十二體分為八十一个九苞苞九个愚謂遣車載所包遣奠之牲體而葬之者也葬時柩車將行設遣奠既奠取牲體包之載以遣車使人持以如墓置于椁之四隅一乘言其少也及墓而反者藏器少故葬速而即反也凡牲體一段謂之一个特牲禮佐食盛肵俎俎釋三个少儀大牢以左

此七字當是誤衍

肩臂臑折九个是也國君七个大夫五个謂每包所有之个数也士喪禮云苞二鄭氏云所以裏（裹）羊豕之肉者又云苞牲取下體鄭氏云前脛折取臂臑後脛折取骼士包三个士遣奠二牲每牲取三體分為二包每包有三个則皆全體也士無遣車每苞用一人持之以如墓諸侯遣奠大牢每牲取三體折分為四十九个分為七包每包七个包用一車載之故遣車七乘大夫遣奠亦大牢每牲取三體折分為二十五个分為五包每包五个亦包用一車載之故遣車五乘若天子遣奠兼用馬牲亦每牲取三體折分為八十一段每（分）為九包每包九个包用一車載之則遣車九乘也「九个遣車九乘也」有子以晏子儉不中禮不足為知禮也○鄭氏曰人臣賜車馬者乃有遣車孔氏曰案既夕禮苞牲取下體鄭註前脛折取臂臑後脛折取骼是一牲取

三體士少牢二牲則六體分為三个一个有二體大夫以上皆大牢三牲凡九體大夫分九體為十五段三段為一包凡五包諸侯分為二十一段凡七包天子分為二十七段凡九包愚謂士喪禮無遣車賤而禮畧耳鄭謂賜車馬者乃有遣車則為大夫者未必皆有車馬之賜也士包三个國君七个大夫五个皆謂所包之牲體之数也孔疏乃謂士二牲六𦝫分為三个一个有二體其語殊不可曉又謂大夫諸侯每包皆三段又為記所言五个七个者不合詳其語意似以一个為一包也然士喪禮言苞二而鄭氏云苞三个則是个乃在包之中者而个非苞也

儀禮賈疏得之

曾子曰國無道君子耻盈禮焉國奢則示之以儉國儉則示之以禮

鄭氏曰時齊方奢矯之是也愚謂曾子言晏子所以為此者所

以矯當時之失無害為知禮也蓋曾子以晏子恭敬為知禮者以禮之本而言也有子以晏子大儉為不知禮者以禮之文而言也孔子曰奢則不孫儉則固與其不孫者也寧固又曰晏平仲祀其先人豚肩不掩豆賢大夫也而難為下矣蓋儉固可以救奢之失亦未為得禮之中也二子各就其一偏之見言之故其於晏子或予之大過或抑之大甚惟聖人之言為得其平

國昭子之母死問於子張曰葬及墓男子婦人安位子張曰司徒敬子之喪夫子相男子西鄉婦人東鄉曰噫毋曰我喪也斯沾爾專之賓為賓焉主為主焉婦人從男子皆西鄉釋文相息亮反鄉許亮反噫本又作意同于其反毋音無斯音賜沾依註音覘勑廉反

鄭氏曰國昭子齊大夫東鄉西鄉夾羨道為位也夫子孔子也噫不寤之聲毋禁止之辭斯盡也沾讀曰覘覘視也昭子自謂齊

之大家有事人盡視之欲人覩之法其所為陳氏澔曰昭子葬其母以子張相禮故問之葬時男子皆西鄉婦人皆東鄉禮也昭子自以齊之顯家令行喪禮人必盡來覘視當有所更改以示人故使子張專主其事使主自為主賓自為賓於是昭子家婦人從男子皆西鄉則女賓從男賓皆東鄉可知矣愚謂葬時男子皆西鄉婦人皆東鄉所以為男女之列也以親者近壙而男賓在衆主人之南女賓在衆婦人之南又所以為親疏之序也今昭子使主自為主賓自為賓既無男女之别又紊親疏之序失禮甚矣

●穆伯之喪敬姜晝哭文伯之喪晝夜哭孔子曰知禮矣

鄭氏曰喪夫不夜哭嫌私情勝也

●文伯之喪敬姜據其牀而不哭曰昔者吾有斯子也吾以將為賢人

也吾未嘗以就公室今及其死也朋友諸臣未有出涕者而內人皆行哭失聲斯子也必多曠於禮矣夫釋文夫音扶本亦有無夫字者

鄭氏曰以為賢人蓋見其有才藝也未嘗就公室言未嘗與到公室觀其行也季氏魯之宗卿敬姜有會見之禮內人妻妾也

孔氏曰曠猶疏薄也疏薄於賓客朋友之禮故未有感戀出涕者

○季康子之母死陳褻衣敬姜曰婦人不飾不敢見舅姑將有四方之賓來褻衣何為陳於斯命徹之

鄭氏曰褻衣非上服陳之將以斂四方之賓嚴於舅姑敬姜康子從祖母愚謂喪大記君小斂用複衣大斂用褶衣複衣褶衣即袍褶之屬皆褻衣也君斂用褻衣則大夫可知而敬姜命去褻衣者蓋婦人之褻衣雖用以斂而不陳季氏但欲以多陳衣為榮并陳褻衣故敬姜非之

有子與子游立見孺子慕者有子謂子游曰予壹不知夫喪之踊也予欲去之久矣情在於斯其是也夫釋文去羌呂反

壹專也言予專不知夫喪之何以有踊久欲去之今觀於孺子之慕而知孝子之情即在於斯其是為人之真情也夫何必為踊乎蓋喪之踊有節孺子之慕則率其號慕迫切之情而不自知者有子以為喪致乎哀而已而不必為之節文也

子游曰禮有微情者有以故興物者有直情而徑行者戎狄之道也禮道則不然

微殺也微情謂哭踊之節變除之漸所以使之殺其情而不至於過哀也故謂有為為之也物謂衰絰之屬也以故興物若苴絰言斬衰菅屨杖而啜粥者志不在於酒食所以使之覩物思哀而不至於怠而忘之也有子之意在於徑情直行不知禮之

節有定而人之情不可齊也或哀毀以傷生或朝死而夕忘苟使人率其情以行則賢者無以俯而就且至於滅性不肖者無以企而及必相率而至於悖死忘親矣

人喜則斯陶陶斯咏咏斯猶猶斯舞舞斯慍慍斯戚戚斯歎歎斯辟辟斯踊矣品節斯斯之謂禮釋文咏音詠猶依註作搖音遥慍斯戚紆運反此喜怒哀樂相對本或於此句上有舞斯慍一句并注皆行文辟婢亦反◎孔疏云如鄭此禮本云舞斯慍者凡有九句首末各四正明哀樂相對中間舞斯慍一句是哀樂相生而鄭諸本亦有無舞斯慍一句者取義不同鄭又一本云舞斯蹈蹈斯慍凡十句當是後人所加耳盧礼本亦有舞斯慍一句王禮本又長云人喜則斯循循斯陶與盧鄭不同亦當新足耳

鄭氏曰咏謳也猶當為搖聲之誤也搖謂身動搖也秦人猶搖聲相近辟拊心踊躍也愚謂喜者外境順心而喜也陶者喜心鼓盪於內而欲發也咏者喜發於外而為咏歌也咏歌不已則至於身體動搖動搖不已則至於起舞也慍怒意也樂極則哀

故舞而遂至於愠也愠怒不已則至於悲戚悲戚不已則發為嘆息嘆息不已則至於拊心拊心不已則起而跳踊蓋哀樂之情其由微而至著者若此然情不可以徑行故先王因人情而立制為之品而使之有等級為之節而使之有裁限故情得其所止而不過是乃所謂禮也此節言哀樂各四句一一相對喜與愠對哀樂之初感也陶與戚對哀樂之盛于中也咏與嘆對哀樂之發于聲音也搖與辟對舞與踊對哀動樂之動于四体也獨舞斯愠一句在其中間言哀樂循環相生之意詳文義似不當著此孔疏謂鄭他本或無此句或本係衍文如陸氏之說與

人死斯惡之矣無能也斯倍之矣是故制絞衾設蔞翣為使人勿惡也始死脯醢之奠將行遣而行之既葬而食之未有見其饗之者也自上世以來未之有舍也為使人勿倍也故子之所剌於禮者亦非

禮之訾也釋文惡烏路反倍音佩絞戶交反衾音欽蔞音柳翣所甲反食音嗣舍音捨訾似斯反

鄭氏曰絞衾尸之飾蔞翣棺之牆飾周禮蔞作柳將行將葬也葬有遣奠食反虞之祭舍猶廢也訾病也愚謂士虞禮曰特豕饋食所謂既葬而食之也上言先王因哀樂之情而品節之所謂禮有微情者也此言先王因死者之易於倍棄而制為喪葬之飾奠祭之禮而使人得以盡其事死如生之情又因以故興物之意而廣言之所以見禮之不使人直情而徑行者皆有深意存焉故有子之所刺不足為禮之疵病也此二句通結二節之義

○吳侵陳斬祀殺厲師還出竟陳大宰嚭使於師夫差謂行人儀曰是夫也多言盍嘗問焉師必有名人之稱斯師也者則謂之何大宰嚭曰古之侵伐者不斬祀不殺厲不獲二毛今斯師也殺厲與其不謂之殺厲之師與曰反爾地歸爾子則謂之何曰君王討敝邑之罪又

切據疏行

儀者下當有一字

矜而赦之師與有無名乎釋文還音旋竟音境太音泰語音彼反使色吏反夫差上音扶下初佳反盍戶臘反與音餘○洪氏邁曰嚭乃夫差之宰陳遣使者正用行人則儀乃陳人也記禮者簡冊錯互當云陳行人儀使於師夫差使大宰嚭問之愚謂此章言行人儀者言大宰嚭者二上言大宰嚭使於師夫差謂行人儀為可言簡冊錯互至下文又言大宰嚭則非簡冊錯互矣蓋嚭寔吳人儀寔陳人洪氏之說得之然其所以互易者則由記者傳聞之誤耳

鄭氏曰吳侵陳以魯哀公元年祀神位有屋樹者厲疫病大宰行人官名也夫差吳子光之子嘗試也獲謂係虜之二毛鬢髮斑白止言殺厲重人也欲微勸之故其言似若不審然子謂所獲民臣師與有無名呼又微勸之終其意吳楚僭號稱王吳氏澄曰夫差內行惡事而外欲得善名故使問行人以衆人稱此師之名名以殺厲之師者欲吳人耻其名之惡而改悔也吳大宰果有反地歸子之言則陳行人因其好名之心而誘勸之也

○顏丁善居喪始死皇皇焉如有求而弗得及殯望望焉如有從而弗

及既葬慨焉如不及其反而息釋文慨皆愛反

鄭氏曰顏丁魯人從隨也慨憊貌孔氏曰皇皇猶彷徨上篇云始死充充如有窮謂形貌窮屈亦彷徨有求而不得之心彼此各舉其一也上篇云既殯如有求而不得據外貌所求也此云始死如有求而不得據內心所求也既葬如不及其反而息者上殯後從而不及似有可及之理既葬慨然如不及謂不復可及所以文異也上篇云既葬皇皇如有望而不至此云既葬如不及亦同也此始死皇皇是皇皇之甚故如有求而不得上篇云既葬皇皇是輕故云望而未至也此既葬則止不說練祥故既葬則慨然上檀弓更說練祥故云練而慨然祥而廓然愚謂慨然如不及其反而息者既葬迎精而反如親之精氣不及與之偕反而止息以待之所謂其反也如疑也此言居喪哀悼之

氏下空白一字

心自始死至既葬其因時而変者如此與上篇始死充充如有窮一章辞雖所指不同其大歸則一而已

○子張問曰書云高宗三年不言言乃讙有諸仲尼曰胡為其不然也古者天子崩王世子聽於冡宰三年釋文讙音歡○今按書無逸作言乃雍

鄭氏曰時人君無行三年之喪禮者子張問有此與怪之也讙喜悦也冡宰天官卿貳王事者三年之喪使之聽朝胡氏曰三年之喪自天子達於庶人子張非不知也蓋以為人君三年不言則臣下無所稟令禍乱或從而生耳夫子告以聽於冡宰則阢乱非所憂矣

○知悼子卒未葬平公飲酒師曠李調侍鼓鐘杜蕢自外來聞鐘聲曰安在曰在寢杜蕢入寢歷階而升酌曰曠飲斯又酌曰調飲斯又酌堂上北面坐飲之降趨而出釋文知音智李調如字左傳作外嬖嬖叔蕢苦怪反飲於鴆反下飲曠飲調飲寡人皆同

鄭氏曰悼子晉大夫荀盈魯昭九年卒飲酒與羣臣燕平公晉侯彪侍與君飲也燕禮記曰請旅侍臣鼓鐘樂作也燕禮賔入門奏肆夏既献而樂闋献君亦如之曰安在怪之也杜蕢或作屠蒯三酌皆罰悪謂飲酒私燕也鄭氏引燕禮解此非也燕禮當立賔主卿大夫士庶子皆與此惟師曠李調二人獨侍而杜蕢聞鐘聲乃知非燕禮之正明矣鼓擊也人君飲食皆奏樂杜蕢左傳作屠蒯寢路寢也歷階即栗階謂升階不聚足也

平公呼而進之曰蕢曩者爾心或開予是以不與爾言爾飲曠何也曰子卯不樂知悼子在堂斯其為子卯也大矣曠也大師也不以詔是以飲之也爾飲調何也曰調也君之褻臣也為一飲一食忘君之疾是以飲之也爾飲何也曰蕢也宰夫也非刀匕是共又敢與知防是以飲之也釋文樂如字為于偽反匕必李反共音供與音預防音房又扶放反

鄭氏曰開謂諫爭有所發起紂以甲子死桀以乙卯亡王者謂之疾日不以舉樂為吉事所以自戒懼大臣喪重於疾日雜記曰君為卿大夫比葬不食肉比卒哭不舉樂詔告也大師典奏樂褻嬖也近臣亦當規君防禁放溢愚謂平公見蕢三舉罰爵意其必有以開發之故不與之言蕢不言即出者以公之必將怪而問之也在堂謂殯於堂上西序也與知防預知防閑諫爭之事也蕢言平公飲酒非禮二子當言而不言己不當言而言所以皆罰之蓋用此以諷公也

平公曰寡人亦有過焉酌而飲寡人杜蕢洗而揚觶公謂侍者曰如我死則必毋廢斯爵也至于今既畢獻斯揚觶謂之杜舉釋文觶之豉反字林音支

鄭氏曰平公聞義則服揚觶舉爵於君也揚舉也毋廢斯爵欲後世以為戒謂之杜舉因杜蕢以為名也愚謂平公自知其過

故命爵而自飲又命毋廢斯爵以為後世戒也畢献謂燕禮献賓献君献卿大夫士庶子皆畢也平公飲酒私燕也自平公命毋廢斯爵於是晋國正燕之禮於畢献之後特舉觶於君謂之杜舉言此爵自杜蕢始也○鄭氏以燕禮大夫媵觶于公為揚觶非也燕禮揚觶由來久矣豈自杜蕢始乎

卷十一

三月十一　鈍鳴校過

禮記卷十一

檀弓下第四之二

瑞安孫希旦集解

公叔文子卒其子戍請謚於君曰日月有時將葬矣請所以易其名者君曰昔者衛國凶饑夫子為粥與國之餓者是不亦惠乎昔者衛國有難夫子以其死衛寡人不亦貞乎夫子聽衛國之政脩其班制以與四鄰交衛國之社稷不辱不亦文乎故謂夫子貞惠文子釋文粥音杌難乃旦反

鄭氏曰謚者行之迹有時猶言有數也大夫士三月而葬君靈公也難謂魯昭公二十年盜殺衛侯之兄縶也時齊豹作亂公如死烏班制謂尊卑之差後不言貞惠者文足以兼之方氏慤曰修其班制以與四鄰交非博聞者不能故曰文班言上下之序制言多寡之節愚謂謚起於周公皆取其行之至大者一字以

為謚所謂節以壹惠也至戰國時周有威烈王慎靚王秦有惠文莊襄等王而二謚始此然據檀弓則趙武在春秋時已有獻文之稱而公孫枝謚至三字尤古今所未有也左傳叙齊豹作亂事甚詳當時從公者為公南楚析朱鉏諸人平亂者為北宮喜衛侯賜喜謚貞子朱鉏謚成子初不言枝有衛君之事豈後人因喜及朱鉏賜謚事而誤以為枝歟

○石駘仲卒無適子有庶子六人卜所以為後者曰沐浴佩玉則兆五人者皆沐浴佩玉石祁子曰孰有執親之喪而沐浴佩玉者乎不沐浴佩玉石祁子兆衛人以龜為有知也釋文駘大來反

鄭氏曰石駘仲衛大夫石碏之族庶子六人莫適立也石祁子不沐浴佩玉心正且知禮愚謂左傳言立子之法年鈞以德德鈞以卜駘仲庶子六人未必皆同年盖既皆庶子故不論長幼

注疏此篇為卷第二之首以墨圈以別之

禮記卷十一

安孫希旦集解

公叔文子卒，其子戍請謚於君，曰：「日月有時，將葬矣，請所以易其名者。」君曰：「昔者衛國凶饑，夫子為粥與國之餓者，是不亦惠乎？昔者衛國有難，夫子以其死衛寡人，不亦貞乎？夫子聽衛國之政，脩其班制，以與四鄰交，衛國之社稷不辱，不亦文乎？故謂夫子貞惠文子。」釋文：粥音机。難，乃旦反。

鄭氏曰：謚者，行之迹。有時，猶言有數也。大夫士三月而葬。君，靈公也。難謂魯昭公二十年盜殺衛侯之兄縶也。時齊豹作亂，公如死鳥。班制，謂尊卑之差。後不言貞惠者，文足以兼之。方氏慤曰：修其班制以與四鄰交，非博聞者不能，故曰文。班言上下之序，制言多寡之節。愚謂謚起於周公，皆取其行之至大者一字以

直以卜决之蓋駘仲之遺命也兆謂得吉兆沐浴佩玉則兆掌卜者謂之之辭石祁子不沐浴佩玉守禮而不惑於禍福也以龜為有知者所卜得其人也

○陳子車死于衛其妻與其家大夫謀以殉葬定而后陳子亢至以告曰夫子疾莫養於下請以殉葬子亢曰以殉葬非禮也雖然則彼疾當養者孰若妻與宰得已則吾欲已不得已則吾欲以二子者之爲之也於是弗果用釋文亢音剛又苦浪反養羊尚反下皆仝

鄭氏曰子車齊大夫子亢子車弟孔子弟子下地下也子亢度諫之不能止以斯言拒之已猶止也孔氏曰論語陳亢問于伯魚與伯魚相問故知孔子弟子又昭二十六年左傳齊師圍成魯師及齊師戰於炊鼻魯人將擊子車子車射之殪故知是齊大夫愚謂家大夫即宰也子亢度二人不可以理爭故言欲以

○二人為殉所以使其懼而自止

子路曰傷哉貧也生無以為養死無以為禮也孔子曰啜菽飲水盡其歡斯之謂孝斂首足形還葬而無椁稱其財斯之謂禮釋文啜昌劣反叔或作菽音同大豆也王云熬豆而食曰啜菽歛力檢反還音旋稱尺証反

鄭氏曰還猶疾也謂不及其日月孔氏曰啜菽以菽為粥而常啜之愚謂食有黍稷之屬今但啜菽而已食之貧也飲有漿醴之屬今但飲水而已飲之貧也養而能盡其歡則先意承志雖薄而無害於孝葬而能稱其財則必誠必信雖儉而無歉於禮夫所謂孝與禮者亦務乎其本而已不然雖日用三牲偹餙墻翣奚當焉

○衛獻公出奔反於衛及郊將班邑於從者而后入柳莊曰如皆守社稷則孰執羈靮而從如皆從則孰守社稷君反其國而有私也毋乃

[illegible]原作若不必改

不可乎弗果班　釋文從才用反羈音基靮丁歷反

鄭氏曰獻公以魯襄十四年出奔二十六年復歸于衛靮靮也

莊言從守壹（若）一有私則生怨愚謂反國而偏賞從者則居者之

心懼矣莊諫公以弗班所以安反側之心甯武子宛濮之盟曰

行者無保其力居者無懼其罪正此意也◎獻公行事備見于

左傳蓋無道之君也然觀於此則猶聽（用）信忠言其所以被出而

卒能反國者蓋亦有由與

◎衛有大史曰柳莊寢疾公曰若疾革雖當祭必告公再拜稽首請于

尸曰有臣柳莊也者非寡人之臣社稷之臣也聞之死請往不釋服

而往遂以襚之與之邑裘氏與縣潘氏書而納諸棺曰世世萬子孫

無（毋）變也　釋文革本又作亟紀（居）力反縣舊音元今按縣如字潘普干反◎

革急也不釋服而往蓋使人攝祭以終事也柳莊之事不見於

左傳譏其諫勿班邑固亦可以為賢矣然喪大記君于卿大夫大斂焉為之賜小斂焉莊方祭而卒祭畢而往猶在小斂之前今乃輟祭而往則非禮矣侯伯祭服鷩冕而以襚其臣其紊亂王章與曲縣繁纓之賜何異裘氏邑名潘氏縣名書謂書之于劵書劵而納之于棺所以要言於死者亦非禮也陳氏澔曰此雖有尊賢之心然棄祭事而不終以諸侯命服而襚大夫書封邑之劵而納諸棺皆非禮矣

○陳乾昔寢疾屬其兄弟而命其子尊己曰如我死則必大為我棺使吾二婢子夾我陳乾昔死其子曰以殉葬非禮也況又同棺乎弗果殺 釋文乾音干屬之玉反

鄭氏曰婢子妾也善尊己不陷父於不義

○仲遂卒於垂壬午猶繹萬入去籥仲尼曰非禮也卿卒不繹 釋文繹音亦去羌

武當作舞

呂反籥羊
夕反

仲遂卒于垂壬午猶繹萬入去籥此春秋宣八年經文也仲遂魯大夫東門襄仲也垂齊地繹祭之明日又祭也猶者可已而不已之辭也萬者文武二舞之總名籥文舞也武以武舞為重文舞為輕祭統舞莫重于武宿夜是也萬入去籥言文武二舞皆入去文舞而獨用武舞蓋但去其輕者以示殺樂之意而亦重者猶不去也卿卒不繹者繹祭輕于正祭而公卿君之股肱故卿卒則不繹今宣公既不廢繹於樂又但去其輕者則其無恩于大臣甚矣宣公立于仲遂生則賜氏以重其寵沒則不廢繹以薄其恩蓋但以權勢為重輕而實未嘗有手足腹心之誼也然則人臣之欲擅權以固寵者其亦可以鑒矣○夏小正公羊傳皆以萬為武舞東萊呂氏以為文武二舞之總名朱子從

呂氏之說今以經傳考之詩簡兮言公庭萬舞而下言執籥秉翟此萬爲文舞也左傳楚公子元爲宮振萬文夫人曰先君以是舞也習戎備也此萬爲武舞也惟萬兼文武故或用其文或用其武而皆謂之萬也文舞爲大夏武舞爲大武舞以大武爲重萬入去籥蓋但去其輕者而已公羊傳謂去其有聲者廢其無聲者非也正樂四節合舞之前有升歌下管間歌皆有聲者也但曰萬入去籥則於前三節皆不去矣則去籥之意豈以其有聲耶

○季康子之母死公輸若方小斂般請以機封將從之公肩假曰不可夫魯有初公室視豐碑三家視桓楹釋文般音班封彼驗反碑彼皮反

鄭氏曰公輸若匠師方小言年尚幼斂下棺于槨也般若之族多技巧者見若掌斂事而年尚幼請代之而欲嘗其技巧初謂

按經當作豐碑

故事言公室視天子（豐碑）者時僭天子也豐碑斲大木為之形如石
碑于椁前後四角樹之穿中於間為鹿盧下棺以縴繞天子六
縴四碑前後各重鹿盧也三家視桓楹時僭諸侯諸侯下天子
也桓楹斲之形如大楹四植謂之桓諸侯四縴二碑碑如桓矣
大夫二縴二碑士二縴不（無）碑孔氏曰豐碑斲大木為碑于椁之
前後及兩旁樹之穿鑿去碑中之木使空于空中著鹿盧以紼
之一頭繫棺緘以一頭繫鹿盧人各背碑負紼聽鼓聲以漸卻
行而下之知前後重鹿盧者以棺之入槨南北豎長用力深也
凡天子之葬掘地為方壙漢書謂之方中方中之內先累椁于
南畔為羨道謂之隧以蜃車載柩至壙說而載以龍輴從羨道
而入至方中乃屬紼于棺之緘從上下棺入椁中于此時用碑
縴也桓楹不似碑形故云如大楹通而言之亦謂之碑崔氏大記

云諸侯大夫二碑是也桓即今之橋旁表柱是也諸侯二碑兩柱為一碑而施鹿盧大夫亦二碑但柱形不得粗大所以異于諸侯也愚謂公肩假亦魯人史記孔子弟子有公肩定豐碑天子下棺所用而魯君用之故曰視豐碑桓楹諸侯下棺所用而三家用之故曰視桓楹此皆僭禮而假以為故事者僭竊已久故也案天子諸侯之葬以輴車先從羨道入壙柩車至壙則說載除飾用碑繂下棺輴上觀繂之屬于棺縅而不屬於輴亦可見矣遂師註蜃車至壙乃說更載以龍輴謂在壙中載之非載以入壙也既夕禮疏謂葬用輁軸者先以輁軸從羨道入乃加茵於其上乃下棺于其中最為明析孔疏謂蜃車至壙說而載以龍輴從羨道入非也

般爾以人之母嘗巧則豈不得以句其母以嘗巧者乎則病者乎噫

弗果從釋文爾戶古以字其母毋音無噫于其反

鄭氏曰僭于禮有似作技巧非也以與已字本同噫不寤之聲

孔氏曰嘗試也言般以人母試已巧誰有強逼于女豈不得休已其無以人母嘗巧則于女豈有病乎假既告般為是言乃更噫而傷嘆于是衆人遂止不果從般之言

○戰于郎公叔禺人遇負杖入保者息曰使之雖病也任之雖重也君子不能為謀也士弗能死也不可我則既言矣與其鄰重汪踦往皆死焉魯人欲勿殤重汪踦問于仲尼仲尼曰能執干戈以衛社稷雖欲勿殤也不亦可乎釋文禺音遇又音務弗能弗亦作不重依註音童汪烏黄反踦魚綺反○鄭註鄰或為談

鄭氏曰郎魯近邑也哀十一年齊國書帥師伐我是也遇見也見走辟齊師將入保罷倦加其杖頸上兩手掖之休息者保縣邑小城禺人昭公之子春秋傳曰公叔務人使之病謂時繇役

任之重謂時賦稅君子謂卿大夫也魯政既惡復無謀臣士又不能死難禺人恥之欲敵齊師踐其言鄰里也重皆當為童童未冠者之稱姓汪名踦春秋傳曰童汪踦魯人見其死君事有士行欲以成人之喪治之孔子善之言魯人者死君事國為斂奠

愚謂君子謂卿大夫也禺人言魯既無善政大夫士又不能盡忠故無以禦寇而安民不可者非之之辭禺人是士既非當時士不能死故赴敵而死以踐其言也魯人以汪踦能死國故欲以成人禮治其喪孔子善之者以其變禮而得宜也

○子路去魯謂顏淵曰何以贈我曰吾聞之也去國則哭于墓而后行反其國不哭展墓而入謂子路曰何以處我子路曰吾聞之也過墓則式過祀則下

鄭氏曰贈送也哭哀去也展省視之處安也去國無君事主于

孝居者主于敬孔氏曰有君事去國則不得哭墓故上曲禮云已受命君言不宿于家過墓謂他家墳壟祀謂神位有屋樹者愚謂由不忘墳墓之心推之則必思不虧其體不辱其先由敬于墓祀者推之則必思無慢于人無惡于人而所以修身而免患者皆在是矣

○工尹商陽與陳棄疾追吳師及之陳棄疾謂工尹商陽曰王事也子手弓而可手弓子射諸射之斃一人韔弓又及謂之又斃二人每斃一人揜其目止其御曰朝不坐燕不與殺三人亦足以反命矣孔子曰殺人之中又有禮焉釋文射食亦反斃本亦作獘婢世反韔勅亮反又及本或作又及一人又一人後人妄加耳朝直遥反與音預○鄭註陳或作陵

鄭氏曰工尹楚官名棄疾楚公子棄疾也以魯昭八年帥師滅陳縣之楚人善之因號焉至十二年楚子狩于州來使蕩侯司

也據讀訂作焉 據宋本

傳作獲則殺之據戎昭果毅見宣二年傳獲則取之見僖廿二年傳此作取是也

馬督囂尹午陵尹喜圍徐以懼吳于時有吳師棄疾謂商陽仁不忍殺人以王事勸之斃什焉也韔韜也韔弓不忍復射也揜其目不忍視之也朝燕于寢大夫坐于上士立於下然則商陽與御皆士也兵車參乘射者在左戈盾在右御在中央孔氏曰案左氏傳戎昭果毅獲則取之商陽行仁而孔子善之者傳之所言謂彼勍敵決戰此是吳師既走而不逐奔故以為有禮也愚謂手弓猶以手執弓也子手弓而可棄疾謂商陽可執弓以射也手弓者商陽從棄疾之言而執弓也子射諸者商陽既執弓棄疾又使之射也謂之棄疾又謂商陽如前也凡朝位立于庭三朝並無坐法此云朝不坐似大夫以上得坐者蓋君既視朝退適聽政路寢卿大夫入與君圖事則升路寢之堂孔子攝齋升堂是也此時君或與之從容謀議則命之坐矣士不得特見

圖事故曰朝不坐燕禮大夫坐於堂上士立於堂下不得與于堂上之坐故曰燕不與亦足以反命者言位卑禮薄不必以多殺為功也蓋敗北之師本易窮追商陽于此乃能存愛人之心而不以邀功為念亦可謂安制矜節者矣若勁敵在前乃以禮遇微薄不欲致力則是不忠之大者豈得謂之有禮哉

○諸侯伐秦曹桓公卒于會諸侯請含使之襲釋文桓依註音宣含胡闇反

鄭氏曰魯成十三年曹伯廬卒于師是也廬謚宣言桓聲之誤也諸侯請含者朋友有相啖食之道使之含非也襲賤者之事

愚謂士喪禮主人親含襲斂則皆商祝為之周禮大宰贊贈玉含玉註云助王為之則諸侯之喪亦必其子親含而上卿贊也喪大記云君之喪大祝是斂衆祝佐之諸侯無相為含襲之禮而襲之事尤卑于含諸侯請為曹伯含已為非禮而又使之襲

按下言襚當作襲
此按左傳作襚

則益甚矣然以楚之強使魯襄公襚而終以取辱曹之弱小何以得此于諸侯使襲之事恐未可信

○襄公朝於荆康王卒荆人曰必請襲魯人曰非禮也荆人強之巫先拂柩荆人悔之 釋文強其兩反拂芳勿反柩其久反

鄭氏曰康王楚子昭也楚言荆者妙言之荆人請襲者欲使襄公衣之巫祝拂柩君臨臣喪之禮愚謂荆者楚之本號猶晋之本號為唐鄒之本號為邾也左傳襄公二十九年公在楚楚人使公親襚公患之穆叔曰祓殯而襚則布幣也乃使巫以桃茢先拂殯楚人弗禁既而悔之即此事也但傳言請襚此言請襲傳言拂殯此言拂柩案左傳襄公以二十八年冬如楚及漢聞康王卒而楚人使公襚傳于二十九年正月言之禮死日即襲殯則士大夫三日諸侯五日計此時康王之殯必已久矣是傳

言使襚及拂殯者是而記言請襲及拂柩者非也諸侯有遣使
相襚之禮使者委衣于殯東今荆人欲公親致襚衣於柩前盖
臣于君致襚之禮如此荆人使魯君親襚所以卑魯也魯君雖
從其親襚而使巫先拂柩用君臨臣喪之禮又所以卑荆也出
爾反爾豈不信哉然當時楚適無知禮者而不之禁設有知禮
之臣于魯君入襚之時而止巫于門外則其禮將有不得行矣
然則拂殯之事亦倖耳

○滕成公之喪使子叔敬叔弔進書子服惠伯為介及郊為懿伯之忌
不入惠伯曰政也不可以叔父之私不將公事遂入（釋文：介音界後同）
鄭氏曰滕成公之喪魯昭三年子叔敬叔魯宣公弟叔肸之曾
孫叔弓也進書奉君弔書惠伯慶父元孫之子名椒介副也郊
滕之近郊也懿伯惠伯之叔父劉氏敞曰忌只是忌日懿伯是

祖當作叔

敬祖（叔）從祖適及滕郊而遇此日故欲緩至次日乃入故惠伯以
禮曉之愚謂左傳云叔弓如滕葬成公是二子乃送葬之使也
書謂書方賵物之目也叔弓為正使故云進此賵物之書忌劉
氏以為忌日是也而其說有未盡者敬叔于懿伯乃絶族者不
當避其忌日敬叔之欲不入禮惠伯之情也懿伯為惠伯之叔
父禮自期以上皆諱為之諱者則又當為之忌也忌日不用蓋
心有所動于彼則哀有不得專於此也然以私忌而稽君命則
非禮此禮之又當變通者也此一事于敬叔見其有和衷之雅
於惠伯見其明公私之義可謂各盡其道矣鄭氏謂敬叔有怨
于惠（懿）伯恐惠伯報怨而不入疏云敬叔殺懿伯恐惠伯殺己故
難惠伯不敢入也愚謂懿伯敬叔皆魯之大夫若果相殺其事
何不見于春秋之經傳且敬叔果難惠伯當辭之于受命之日

懿誤作惠

不當避之于至滕之時其說不近人情惟左傳杜氏註云叔弓禮椒欲為執仇而疏申其說則謂懿伯為人所殺敬叔欲惠伯執仇與鄭氏之意亦微異大約皆傍緣鄭氏之說而畧變之皆穿鑿無稽之談耳且以忌為忌日則為懿伯之忌句辭義已足若如鄭杜之說則立文太簡指不分明使後人讀之而不得其說必不然也○孔氏曰檢勘世本敬叔是桓公七世孫惠伯是桓公六世孫則敬叔呼惠伯為叔父呼懿伯為從祖註云敬叔以懿伯為叔父誤也愚謂叔父自惠伯指懿伯而言鄭氏云懿伯惠伯之叔父是矣而其下乃又出此殊不可曉不獨其所言昭穆之誤也

○哀公使人弔蕢尚遇諸道辟于路畫宮而受弔焉曾子曰蕢尚不如杞梁之妻之知禮也齊莊公襲莒于奪杞梁死焉其妻迎其柩于路

而哭之哀莊公使人弔之對曰君之臣不免于罪則將肆諸市朝而妻妾執君之臣免于罪則有先人之敝廬在君無所辱命釋文蕢若怪反辟音避叉婢亦反畫音獲奪徒外反肆殺三日陳尸音四朝直遥反廬力居反○鄭註奪或爲兑

鄭氏曰哀公魯君畫宮畫地爲宮室之位行弔禮于野非也魯襄二十三年齊侯襲莒春秋傳曰杞殖華還載甲夜入且于之隧隧奪聲相近梁即殖也肆陳尸也大夫以上于朝士於市無所辱命辭不受命也春秋傳曰齊侯弔諸其室陳氏澔曰辟讀爲闢謂闢除道路愚謂君遇柩於路必使人弔之而此以在路受弔爲非禮者蓋無位之士及庶民之喪赴告不及于君君不能悉弔也惟遇其柩于路則必使人弔之若有位之士死訃于君則君當弔于其家喪大記君于士既加蓋而後至爲之賜大斂焉故蕢尚在道受弔而曾子譏之齊莊公與魯哀公雖皆弔

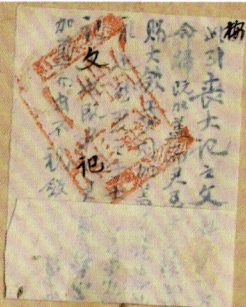

按此引喪大記之文有所改喪大記[illegible]

而哭之哀莊公使人弔之對曰君之臣不免于罪則將肆諸市朝而妻妾執君之臣免于罪則有先人之敝廬在君無所辱命釋文黄若怪反辟音避又婢亦反畫音獲奪徒外反肆殺三日陳尸音四朝直遥反廬力居反○鄭註奪或為兑

鄭氏曰哀公魯君畫宮畫地為宮室之位行弔禮于野非也魯襄二十三年齊侯襲莒春秋傳曰杞殖華還載甲夜入且于之隧隧奪聲相近梁即殖也肆陳尸也大夫以上于朝士於市無所辱命辭不受命也春秋傳曰齊侯弔諸其室陳氏澔曰辟讀闢謂闢除道路愚謂君遇柩於路必使人弔之而此以在路弔為非禮者蓋無位之士及庶民之喪赴告不及于君君不能悉弔也惟遇其柩于路則必使人弔之若有位之士死訃于君則君當弔于其家喪大記君于士既加蓋而後至為之賜大斂焉故蕢尚在道受弔而曾子譏之齊莊公與魯哀公雖皆弔

臣於道然杞梁戰死莊公急于行弔而不及俟其至家哀公于蕢尚則怠于禮而不弔至葬時柩出在道乃弔之事同而情則異也又士喪禮君大歛而至莚公賜元纁束馬兩至邦門使宰夫贈元纁束馬今哀公于蕢尚弔之既緩又不親行且至葬乃弔則賵贈皆闕可知此不獨蕢尚之不知禮而哀公之無恩于其臣亦可見矣

○孺子䵋之喪哀公欲設撥問于有若有若曰其可也君之三臣猶設之顏栁曰天子龍輴而椁幬諸侯輴而設幬為榆沈故設撥三臣者廢輴而設撥竊禮之不中者也而君何學焉 釋文䵋吐孫反撥半末反輴勑倫反椁音郭幬大報反沈本又作瀋同昌審反中竹中反又如字或音戶教反非

鄭氏曰䵋魯哀公之少子撥可撥引輴車所謂紼三臣仲孫叔孫季孫也輴殯車也天子畫轅為龍幬覆也殯以椁覆棺上塗

之所謂蔽塗龍輴以椁也諸侯輴不畫龍揄沈以水澆揄白皮之汁有急以播地于引輴車滑廢去也三臣于禮去輴今有紼是用輴僭禮也殯禮大夫蔽置西序士掘肂見衽顏椰止其輿非禮也孔氏曰喪大記大夫二綍式碑是大夫有綍綍即紼也又既夕禮注大夫以上始有四周謂之輴與此不同者大夫以柩朝廟時用輴綍殯時用輁軸不得用輴紼此文據殯時也陸氏佃曰揄性堅忍然性沈難轉亦所載沈也故設撥以撥輪吳氏澄曰揄為輴車之輪轂木性本重所載又重為難轉移故設撥以撥其輪愚謂天子諸侯殯以輴車載柩而遂用以殯大夫士以輁軸升柩而殯則去之士喪禮不言升柩用紼而王制言越紼行事則用輴以殯者固有紼矣蓋輴車以揄木為輪轂其質沈重則自下而升階也難故使人居旁以紼撥舉之以助其

此節須再核對

此士喪礼及既夕礼文

臣於道然杞梁戰死莊公急于行弔而不及俟其至家哀公于蕢尚則急于禮而不弔至葬時柩出在道乃弔之事同而情則禮君大歛而至窆公賜（冒）充（元）纁束馬兩至邦門使宰夫賵玄纁束馬今哀公于蕢尚弔之既緩又不親行且至葬乃弔則賵賵皆闕可知此不獨蕢尚之不知禮而哀公之無恩于其臣亦可見矣

○孺子䵒之喪哀公欲設撥問于有若有若曰其可也君之三臣猶設之顏栁曰天子龍輴而椁幬諸侯輴而設幬為榆沈故設撥三臣者廢輴而設撥竊禮之不中者也而君何學焉釋文䵒吐孫反撥半末反輴勅倫反椁音郭幬大報反沈本又作濤同昌審反中竹中反又如字或音户教反非

鄭氏曰䵒魯哀公之少子撥可撥引輴車所謂紼三臣仲孫叔孫季孫也輴殯車也天子畫轅為龍幬覆也殯以椁覆棺上塗

行若輀軸輕則無所事此矣顔栁孔子弟子顔幸字子栁不中謂不合法式撥為輴車而設三家設撥為僭禮無輴而設撥則僭禮而不中矣有若言三家僭禮以徵止哀公顔栁以其言徵婉恐哀公不喻其意故又正言以止之

○悼公之母死哀公為之齊衰有若曰為妾齊衰禮與公曰吾得已乎哉魯人以妻我釋文為于偽反下弗為服同與音餘

鄭氏曰妾之貴者為之緦耳哀公為妾齊衰有若譏而問之魯人以妻我者言魯人皆名之為我妻重服嬖妾文過非也愚謂為之齊衰以妻之服服之也士為貴妾緦大夫以上為妾無服左傳公子荆之母嬖欲以為夫人此又為其妾服妻之服哀公不辨于適妾之分如此此孔子所以有大昏之對歟

○季子皐葬其妻犯人之禾申祥以告曰請庚之子皐曰孟氏不以是

本注第十三字

罪予朋友不以是棄予以吾為邑長于斯也買道而葬後難繼也釋文庚古衡反長竹丈反

鄭氏曰季子皋孔子弟子高柴字孟氏之成邑宰或氏季犯躐、也庚償也愚謂子皋不從申祥之言者蓋以為上有體不欲行小惠以悅民爾鄭氏以為恃寵虐民非也

○仕而未有祿者君有饋焉曰獻使焉曰寡君違而君薨弗為服也餽本又作饋其位反使色吏反

鄭氏曰違去也弗為服以其恩輕也愚謂位定然後祿之仕而未有祿謂初適他國而未有定位若孟子在齊是也君有饋謂有饋於此臣也君不曰賜而曰獻君使焉不曰君而曰寡君去國而君薨則不為反服蓋君不敢以純臣待之而已亦不以純臣之義自處也左傳陳成子謂荀寅曰將以子之命告寡君時

荀寅在齋而成子與之言稱寡君正與此合

○虞而立尸有几筵

孔氏曰未葬之前殯宮雖有脯醢之奠不立几筵大歛奠但有席亦無几也此席素席故前云奠以素器其下室之内有吉几筵今葬畢虞祭有素几筵筵雖大歛時已有虞祭更立几與筵相配故士虞禮云祝免澡葛絰帶布席於室中右几是也此謂士大夫禮若天子諸侯則葬前有几故周禮司几筵云喪事素几鄭註云謂殯奠時天子既爾諸侯亦然此下言宰夫以木鐸命于宮自寢門至於庫門則諸侯之禮也然則此虞有几筵亦據諸侯之禮言之周禮司几筵凡喪事設葦席右素几與士虞禮同設几而右則已神之盖亦虞祭之几筵爾是天子喪奠亦無几也喪奠無几以下室之奠有几筵也虞雖有几筵而下室

按此句有誤或衍

則徹之矣四字衍

按元本作考字是石本改為屬

之吉几筵尚設則徹之矣以虞之几筵乃素器也註卒哭以吉祭易喪祭則殯宮設吉几筵而下室不復設几筵矣

卒哭而諱生事畢而鬼事始已既卒哭宰夫執木鐸以命於宮曰舍故而諱新自寢門至于庫門釋文鐸大各反舍音捨

鄭氏曰諱謂避其名生事畢而鬼事始謂不復饋食于下室而鬼神祭之己辭也故謂高祖之父當遷者也自寢門至于庫門百官所在庫門宮外門愚謂周人以諱事神卒哭而諱者為明日將祔而廟祭之禮自此始始以鬼神之道事之故曰生事畢而鬼事始也宰夫于天子天官之屬也諸侯其上士歟周禮宰夫大喪小喪掌小官之戒令木鐸鐸以木為舌奮之以宣政教者也故謂高祖之父當遷者廟遷則不諱其名恩有所殺也新謂新死當祔者也自寢門至于庫門者諸侯之喪其為廬堊室

自寢門之外至庫門之内皆有之故徧以告之也

○二名不偏諱夫子之母名徴在言在不稱徴言徴不稱在

鄭氏曰稱舉也雜記曰妻之諱不舉諸其側

○軍有憂則素服哭于庫門之外赴車不載櫜韔（櫜音羔韔本亦作韔敕亮反）

鄭氏曰憂謂為敵所敗也素服者縞冠也赴謂還告于國以告喪之辭言之也櫜甲衣韔弓衣兵不戢示當報也方氏愨曰素服哭于庫門之外以喪禮處之愚謂周禮大宗伯以凶禮哀邦國之憂其列有五曰死亡曰凶札曰禍烖曰圍敗曰寇亂此五者同為凶禮其服皆素服玉藻年不順成則天子素衣乘素車又曰年不順成君衣布搢本周禮司服大札大荒大烖素服檀弓軍有憂則素服哭于庫門之外春秋傳秦師敗于殽秦伯素服郊迎蓋皆以喪禮處之也素服謂素衣素冠素裳也檀弓國

亡大縣邑公卿大夫士皆厭冠哭于太廟大司馬師不功則厭而奉主車則素冠皆厭伏如喪冠之制也軍敗固當報然亦當視其事之何如若非有雖恥之當雪而忿兵不已此秦穆彭衙之役君子之所不取也

○有焚其先人之室則三日哭故曰新宮火亦三日哭

鄭氏曰焚其先人之室謂火燒其宗廟哭者哀精神之有虧傷火人火之也新宮火在魯成三年孔氏曰左傳云人火曰火天火曰災新宮者魯宣公廟陸氏曰春秋書新宮災諱火耳災非人之所能為也陳氏澔曰哭者哀祖宗神靈之無所託也

孔子過泰山側有婦人哭于墓者而哀夫子式而聽之使子路問之曰子之哭也壹似重有憂者而曰然昔者吾舅死于虎吾夫又死焉今吾子又死焉夫子曰何為不去也曰無苛政夫子曰小子識之苛

政猛于虎也釋文重直用反苛音何本亦作苛識申志反又如字

鄭氏曰而乃也夫之父曰舅方氏慤曰虎之害人可逃而苛政之害人無可逃此所以寧受虎之累傷而不忍舍其政之無苛也

魯人有周豐也者哀公執摯請見之而曰不可公曰我其已夫使人問焉曰有虞氏未施信于民而民信之夏后氏未施敬于民而民敬之何施而得斯於民也對曰墟墓之間未施哀于民而民哀社稷宗廟之中未施敬於民而民敬殷人作誓而民始畔周人作會而民始疑苟無禮義忠信誠慤之心以涖之雖固結之民其不解乎釋文摯音志夫音符壚本亦作墟同起魚反涖音利又音類解佳買反舊胡買反

鄭氏曰摯禽摯也諸侯而用禽摯降尊就卑之義下賢也豐曰不可者辭君以尊見卑士禮先生異爵者請見之則辭已止也重強變賢也時公與三家始有惡懼將不安言民見悲哀之處

則悲哀見莊敬之處則莊敬非必有使之者墟廢滅無後之、會謂盟也盟誓所以結衆以信其後外恃衆而信不由中則民畔疑之愚謂民履可哀之地則自哀履可敬之地則自敬其所以感之者真也虞夏之所以能使民敬信者亦有其可敬可信之實而已殷人作誓周人作會德不足而以敬信強其民而民反疑畔矣解離散也時哀公與三桓有惡君臣之間相疑相侮故其問豐如此豐言此者欲公反求諸己積誠意以感人而毋徒恃乎言辭約誓之末也○孔氏曰案尚書夏啟作甘誓左傳夏禹有塗山之會又啟會塗山此言殷周者據身無誠信從作盟誓而民始疑畔者耳非謂殷周始有誓會也馬氏睎孟曰殷周盛時以禮義道其民而又有誓以致其戒有盟會以聽其政大司徒以誓教恤則民不怠司盟盟萬民犯命者是也其民始

于不敢欺而終于不忍欺誓會之助於教豈小補哉及其末也無德教而徒恃誓會故民始疑畔不修其本而一之于末民其不解乎

○喪不慮居毀不危身喪不慮居爲無廟也毀不危身爲無後也

慮居謂謀居處之安也無廟謂新主未入於廟也蓋喪畢雖將復寢然未吉祭以前主未入廟則不當預謀其所處之安也危身謂滅性也二者雖有賢不肖之殊而其害于孝則一也○鄭氏云慮居謂賣宅舍以奉葬非也古人田宅皆受之於官安得賣之以奉葬乎

○延陵季子適齊于其反也其長子死葬于嬴博之間孔子曰延陵季子吴之習於禮者也往而觀其葬焉其坎深不至于泉其歛以時服既葬而封廣輪揜坎其高可隱也既封左袒右還其封且號者三曰

骨肉歸復于土命也若魂氣則無不之也無不之也而遂行孔子〻
延陵季子之于禮也其合矣乎釋文長竹丈反下官長同嬴音盈〻式鳩反廣古曠反揜本又作掩於檢反隱於刃反號户高反○右還其封且號者三八字為一句
鄭氏曰季子名札魯昭公二十七年吳公子札聘于上國是也季子讓國居延陵因號焉嬴博齊地今泰山縣是也孔子往而觀其葬者往弔之也坎深不至于泉以生恕之斂以時服斂〻行時之服不改制節也輪從也隱據也封可手據謂高四尺所廣輪揜坎其高可隱示節也還圜也號哭且言也孔氏曰襄二十九年昭二十七年季子皆出聘襄二十九年孔子纔八九歲此云孔子往觀其葬故知為昭二十七年愚謂水經註奉高縣南外有吳季札子墓在汶水南曲中坎壙也深不至泉者足以藏棺槨而已不過深也封加土也橫曰廣直曰輪廣輪纔足揜坎不

當作踦

過大也人俯而可以手凭不過高也袒袒衣而露其臂也凡禮事吉凶皆左袒士喪禮飯尸主人出南面左袒是已還遶也右還者季子在墓道東西面又轉而南行又轉而北行以繞之也右遶其封且號者三謂遶繞其封且號哭者凡三匝而止以將還吳而與之訣也言骨肉歸復于土乃始終之命無可如何以慼其尸柩之不能還吳言魂氣無不之以冀其精氣之隨已而歸亦送形而往迎精而反之意也季子在塗葬其子其視常禮蓋有所殺矣故孔子善其合禮而不實言正以見其能隨時斟酌而得乎禮意也此篇所言如將軍文氏之受弔汪錡之勿殤季子之葬其子皆變禮而得正者所謂禮從宜者於此可以見之

○邾婁考公之喪徐君使容居來弔含曰寡君使容居坐含進侯玉其使容居以含有司曰諸侯之來辱敝邑者易則易于則于易于雜

未之有也釋文妻力俱反含和闇反易以鼓反○鄭註考戉為定

鄭氏曰考公隐公益之曾孫弔且含也時徐僭稱王自比天子易謂臣禮于謂君禮容居以臣欲行君禮徐自比天子以大夫斂諸侯有司拒之顧氏炎武曰注考公隐公益之曾孫按隐公當魯哀公之時傳至曾孫考公其去春秋已遠而魯昭公三十年吳滅徐徐子章禹奔楚沈尹戌帥師救徐弗及遂城夷使徐子居之是已失國而為寓公其尚能行王禮于隣國乎定公在魯文宣之時作定為是愚謂容居徐使者之名也雜記諸侯相含使者致命曰寡君使某含今容居不用此辭而曰使容居坐含進侯玉盖天子遣使致含于諸侯之辭也故邾之有司以其非禮而辭之易謂簡畧于謂廣大易則易者謂大夫以弔位卑而簡易則行簡易之禮于則于者謂諸侯來弔位尊而廣

大則行廣大之禮也容居列國之臣今乃自比天子之大夫以
敵諸侯是易于之禮雜也徐入春秋為小國僖二年始見經旋
以從齊爲楚所伐其後依倚吴楚之間非敢僭擬天子者蓋其
先世曾強大僭竊後世相習而不知其非耳○鄭氏謂君行則
親含大夫歸含非也諸侯于隣國之喪皆遣使無自弔含之禮
曹宣公卒于師諸侯請含固在會偶爲之耳非常典也孔疏謂
親致璧于柩及殯上謂之親含若但致命以璧授主人謂之不
親含亦非也鄰國弔含之使其至必在襲斂之後疏見注親含
之說不可通故為此說以曲護之然雜記致含惟有委諸殯東
南隅之禮無所謂親含不親含之别也容居之見辭于邾人以
其辭之僭擬天子非以其親含也視下文言無所不用斯言則
當時之所争者可見矣

濟字據注刪

容居對曰容居聞之事君不敢忘其君亦不敢遺其祖昔我先君駒王西討濟於河無所不用斯言也容居魯人也不敢忘其祖

鄭氏曰駒王徐先君僭號容居其子孫也濟渡也言西討渡濟于河廣大其國魯鈍也言魯鈍者欲自明不妄愚謂無所不用斯言者謂無所不用此天子致命於諸侯之辭也

○子思之母死于衛赴於子思子思哭於廟門人至曰庶氏之母死何為哭于孔氏之廟乎子思曰吾過矣吾過矣遂哭于他室

鄭氏曰子思之母嫁母也姓庶氏嫁母與廟絕族方氏慤曰他室異室也愚謂子思之母嫁庶氏非姓庶氏也為嫁母無服蓋當申心喪十五月歟

○天子崩三日祝先服五日官長服七日國中男女服三月天下反人釋文祝之六反

鄭氏曰祝佐含斂先服官長士大夫國中男女庶人天下服諸侯之大夫也孔氏曰祝大祝商祝也服服杖也杖是喪服之數故呼為服祝佐含斂先病故先杖若子亦三日而杖也官長服亦服杖也服在祝後故五日也國中男女者謂畿内民及庶人在官者服謂齊衰三月而除之必待七日者天子七日而殯殯後嗣王成服故民得成服也三月天下服者謂諸侯之大夫為王繐衰既葬而除之也近者亦不待三月今據遠者為言耳然四條皆云服何以知其或杖服或衰服案喪大記云君之喪三日子夫人杖五日既殯授大夫世婦杖又喪服四制云三日授子杖五日授大夫杖七日授士杖則知今云三日五日是服杖明矣其七日及三月者惟服而已無杖愚謂五日官長杖官長達官之長謂卿大夫也若士則七日而杖喪服四制七日授士

杖是也若諸侯之喪則士與大夫同以五日而杖以諸侯五日成服無不杖者也此及喪大記皆不言士者文畧也

虞人致百祀之木可以為棺椁者斬之不至者廢其祀刎其人 釋文刎勿粉反徐亡細〔粉〕反

鄭氏曰虞人掌山澤之官百祀者畿内百縣之祀也孔氏曰百祀畿内諸臣采地之祀也言百者舉其全數也既殯旬而布材故虞人斬百祀之木可以為周棺之椁者送之必取神〔祀〕木者賀瑒云君者德著幽顯存則人神均其慶没則靈祇等其哀也吳氏澄曰廢其祀刎其人蓋設此辭以令之以見王喪尤重於神祀如誓師而曰無敢不供女則有大刑是也愚謂為椁必斬百祀之木者蓋社木神之所憑常時不伐以其歲久而高大也

○齊大饑黔敖為食于路以待餓者而食之有餓者蒙袂輯屨貿貿然

來黔敖左奉食右執飲曰嗟來食揚其目而視之曰予惟不食嗟來之食以至于斯也從而謝焉終不食而死曾子聞之曰微與其嗟也可去其謝也可食 釋文餓居宜反字林九衣反本又作飢同黔其廉反徐渠嚴反食音嗣下奉食同袂彌世反輯側立反貿徐古救反又音茂一音牟奉芳勇反與音餘

鄭氏曰蒙袂不欲人見也輯斂也斂屨力憊不能屨也貿貿目不明之貌嗟來食雖閔而呼食之非敬辭也微猶無也從猶就也無與止其狂狷之辭陳氏澔曰微與猶言細故亦不節謂嗟來之言雖不敬然亦非大過故其嗟雖可去其謝則可食矣吳氏澄曰曾子之言得中之道餓者之操賢者之過也

○邾婁定公之時有弑其父者有司以告公瞿然失席曰是寡人之罪也曰寡人嘗學斷斯獄矣臣弑君凡在官者殺無赦子弑父凡在宮者殺無赦殺其人壞其室洿其宮而豬焉蓋君踰月而后舉爵 釋文殺本

又作弒同式志反瞿本又作懼紀具反斷丁亂反殺其如字壞音怪洿音烏豬音誅

鄭氏曰定公貜且也魯文公十四年即位民之無禮不教之罪弒父弒君其罪無赦諸臣子孫皆得殺之壞其室洿其宮明其大逆不欲人復處之豬都也南方謂都為豬踰月舉爵自貶損也孔氏曰臣之弒君凡在官之人無問貴賤皆得殺此弒君之人子之弒父凡有宮者無問尊卑皆得殺此弒父之人也

在據疏改

晉獻文子成室晉大夫發焉張老曰美哉輪焉美哉奐焉歌于斯哭于斯聚國族於斯文子曰武也得歌于斯哭于斯聚國族于斯是全要領以從先大夫於九京也北面再拜稽首君子謂之善頌善禱釋文奐音煥本亦作煥要一遥反京音原禱丁老反音島

鄭氏曰文子趙武也作室成晉君獻之謂賀也諸大夫皆發禮以往輪輪囷言高大奐言眾多心識其奢也祭祀死喪燕會于

此足矣言此者欲防其後復為全要領免於刑誅也晉大夫之墓地在九原京盖字之誤當為原善頌謂張老之言善禱謂文子之言禱求也孔氏曰輪謂輪囷高大奐謂奐爛衆多既高又多文飾故重美之領頸也古者罪重要斬罪輕頸刑悉謂獻文盖二謚也歌謂祭祀作樂哭謂居喪哭泣聚國族謂與國中僚友及宗族聚會飲食也頌者稱人之美禱者祈己之福張老因頌寓規故為善頌文子聞義則服故為善禱

○仲尼之畜狗死使子貢埋之曰吾聞之也敝帷不棄為埋馬也敝盖不棄為埋狗也邱也貧無盖於其封也亦予之席毋使其首陷焉路馬死埋之以帷釋文畜許六反又許又反貢本亦作贛音同為于偽反埋亡皆反狗古口反封彼劍反出注

鄭氏曰畜狗馴守封當為窆陷謂沒于土路馬君所乘者其他狗馬不能以帷盖方氏慤曰魯昭公乘馬塹而死以帷裹之愚

謂埋之以帷則不以其敝者也記者因孔子之事而并及埋路馬之法蓋犬馬皆有力於人故其死而埋之也猶有恩焉而或帷或蓋或敝或不敝大小輕重之差亦寓乎其閒矣

○季孫之母死哀公弔焉曾子與子貢弔焉閽人為君在弗内也曾子與子貢入於其廐而修容焉子貢先入閽人曰鄉者已告矣曾子後入閽人辟之涉内霤卿大夫皆辟位公降一等而揖之君子言之曰盡飾之道斯其行者遠矣釋文閽音昏弗内上如字下音納廐久又反鄉許亮反辟音避霤力又反○今按辟之辟當音闢婢亦反

閽人掌門者不内二子者君弔方與主人哭踊之時乎禮不得内弔賓也入於廐而修容者敬君而更以整攝也鄉者已告者君行弔禮畢已告于擯者而内之也辟之為之辟也周禮閽人凡命夫命婦之出入則為之辟則弔賓入而辟之者閽人之職

然也內霤大門之內霤水處也喪大記君于外命婦既加蓋而後至哀公弔時即位於阼主人在中庭北面既哭拜稽顙成踊主人乃就西階東北面視肂若卿大夫則斂時亦堂視斂既斂而復東方西面之位二子士也其位在西方東面時二子以君在阼而就之故既入門折而東行又折而北行于其北行而及內霤也卿大夫在西面之位皆辟之二子進而就君君降一等揖之乃退就己之弔位也當時之君子以二子修容而君大夫敬之故有盡飾行遠之說然不知二子之所以見敬者以君大夫素知其賢而非一時修容之故也

○陽門之介夫死司城子罕入而哭之哀晋人之覘宋者反報于晋侯曰陽門之介夫死而子罕哭之哀而民說殆不可伐也孔子聞之曰善哉覘國乎詩云凡民有喪扶服救之雖微晋而已天下其孰能當

之

釋文罕呼旱反覘救燕反說音悅扶服並如字又上音蒲下音蒲北反又作匍匐音同當丁郎反

鄭氏曰陽門宋國門名介夫甲衛士宋以武公諱司空為司城子罕戴公子樂甫術之後樂喜也覘闚視也微猶非也孔子善其知微愚謂覘者以子罕能得人心故知其不可伐孔子善之者以其能即小以知大也子罕能哀一介夫之喪則其平日之恩澤及于民者必深矣非獨晉而已雖天下有更強于晉者亦無能當之守國者不在于甲兵之利山谿之險而在人心之和于此可見矣然按左傳襄公九年宋災樂喜為司城以為政是時晉宋方睦晉安得有伐宋之謀記言恐誤

○魯莊公之喪既葬而絰不入庫門士大夫既卒哭麻不入

鄭氏曰時子般弒慶父作亂閔公不能居喪葬已吉服而反正君臣欲以防遏之微弱之至羣臣畢虞卒哭亦除喪也吳氏澄

曰莊公薨歷十一月始葬時閔公幼弱莊夫人外淫慶父謀篡立不君生君因亦不天死君故不令閔公服父喪三年至閔二年五月距莊公之薨二十二月遽行吉禘後年八月慶父弑閔公矣愚謂如鄭氏之說則是莊公之喪閔公既葬即除喪羣臣既卒哭即除則是喪不至期其為短喪也甚矣魯為秉禮之國雖國家多故豈有服其君父不至期者且莊公以二十二月吉禘春秋尚書以譏之若果以期喪服先君則其失禮視吉禘為尤甚春秋何反不書且果如鄭氏之說則記于閔公當云既葬而除不當但云經不入於羣臣當云卒哭而除不當但云麻不入也云經不入則猶有帶矣云麻不入則猶有葛矣按春秋閔公二年夏五月乙酉吉禘于莊公吉禘者禫除踰月新主遷于廟而行吉祭也（杜預謂莊公別立廟而吉禘胡氏謂行禘祭于寢皆非是）喪以二十五月

大祥二十七月而禫踰月始吉祭莊公之喪以二十二月吉禘視常禮短六月是其祥禫之期有不能如禮者春秋書吉禘之速則其喪制之短固可見矣然謂服期而除則恐不然疑閔公既以十一月除首經遂以二十一月除要經衰杖至二十二月禫祭既畢而遂行吉祭與至莊公之喪所以不能如禮者鄭氏謂閔公急正君臣吴氏謂慶父不天死君則是時閔公幼弱而慶父專政吴氏之説為得其情又按鄭氏喪服斬衰章註云斬衰不書受月者天子諸侯卿大夫士虞卒哭異數又齊衰三年章註云齊衰不書受月者亦天子諸侯卿大夫士虞卒哭異數又大功章注云凡天子諸侯卿大夫既虞士卒哭而受服今以莊公之喪觀之其葬也以十一月其吉禘也以二十二月而喪主以既葬便除首經可謂不如禮之甚者然而群臣變麻服葛

不必如下

猶必以卒哭則諸侯受服亦以卒哭于此可見而天子亦當無異禮矣所以喪服于斬衰齊衰之喪不言受服者蓋自大功以下卒哭受服喪畢而除卒哭以後更無他服而齊斬之服卒哭受服以後有練祥禫變除之節專言卒哭受服則不該[illegible]言練祥禫之服則文繁此齊斬之喪之所以不書受服也

○孔子之故人曰原壤其母死夫子助之沐槨原壤登木曰久矣予之不托於音也歌曰貍首之斑然執女手之卷然夫子為弗聞也者而過之從者曰子未可以已乎夫子曰丘聞之親者毋失其為親也故者毋失其為故也釋文壤如丈反貍力知反女如字徐音汝卷音權又作拳從才用反以已並音以

鄭氏曰沐治也木椁材也託寄也謂叩木以作音孔氏曰貍首之斑然言斲椁材文采似貍之首執女手之卷然言孔子手執斧斤如女子之手卷卷然而柔弱劉氏曰貍首之斑言木文之

此班當是卷

華女手之班（卷）言沐椁之滑膩吳氏澄曰此舊歌辭而壤歌之耳非壤自作此歌也愚謂歌辭之義不可知然壤歌此必有疑義劉氏之說為近是已絶也從者以壤無禮已甚欲夫子絶之夫子以為親故之人雖有過失未可遽失其為親故隱惡以全交也○或問朱子原壤登木而歌夫子為弗聞而過之及其夷俟則以杖叩脛莫大過否曰如壤之歌乃是大惡若要理會不可但已只得且休至其夷俟不可不教誨故直責之復叩其脛自當如此若如今說則是不要管他却非朋友之道矣愚謂原壤母死而歌與子桑户死孟子反琴張臨喪而歌相類蓋當時為老氏之學者多如此然壤之心寔非忘哀也特以為哀痛在心而禮有所不必拘耳故夫子原其心而畧其跡而姑以是全其交也若朝死夕忘曾鳥獸之不若者聖人豈容之哉

○趙文子與叔譽觀乎九原文子曰死者如可作也吾誰與歸譽音預

鄭氏曰叔譽叔向也晋羊舌大夫之孫名肸作起也愚謂吾誰與歸言吾將以誰為賢而歸之也

叔譽曰其陽處父乎文子曰行并植于晋國不沒其身其知不足稱也釋文父音甫行舊下孟反皇如字并必正反植直吏反又時力反知音智○鄭註植或為特

鄭氏曰陽處父襄公之大傳并猶專也謂剛而專權為狐射姑所殺沒終也愚謂并者兼攬衆權植者獨立己意處父以此招衆怒而殺其身是無保身之知不足為賢也

其舅犯乎文子曰見利不顧其君其仁不足稱也

鄭氏曰謂咎與文公辟難至將反國無安君之心及河授璧詐請亡要君以利是也愚謂舅犯圖利其身而不顧君位之未定是無愛君之仁不足為賢也

我則隨武子乎利其君不忘其身謀其身不遺其友晉人謂文子知人
鄭氏曰武子士會也食邑于隨范字季愚謂有愛君之仁而不
忘其身則知有謀身之知而不遺其友則仁故文子以為賢而
歸之謂文子知人者所論賢否得其當也○孔氏曰文七年士
會與先蔑俱迎公子雍在秦三年不見先蔑及士會還晉遂不
見先蔑而歸是遺其友而云不遺者彼謂共先蔑俱迎公子雍
懼其同罪禍及于己故不見之非無故相遺也愚謂晉趙盾使
先蔑迎公子雍蔑盖與于立雍之謀者故晉立靈公而先蔑奔
秦士會非與謀立雍可以不必出奔而從蔑奔秦所謂不遺其
友也至其在秦不見先蔑所以明其無相私黨之心既以自明
而亦所以全蔑亦不得為遺其友也
文子其中退然如不勝衣其言吶吶然如不出諸其口所舉于晉國

管庫之士七十有餘家生不交利死不屬其子焉釋文退然音退本亦作退紛音升吶如悅反徐奴劣反屬音燭○鄭註退或為妥

鄭氏曰中身也鄉射記曰弓二寸以為侯中退柔和貌吶吶舒小貌管鍵也庫物所藏管庫之士府史以下官長所置也舉之於君以為大夫士生不交利廉也死不屬其子潔也陳氏澔曰雖有舉用之恩於人而生則不與之交利將死亦不以其子屬之廉潔之至愚謂趙文子之為人亦可謂賢者然以宮室之設肆夏之僭見譏于世蓋其天姿雖美而未嘗學問生僭侈之世相習成風而不自知其非也

○叔仲皮學子柳叔仲皮死其妻魯人也衣衰而繆絰叔仲衍以告請繐衰而環絰曰昔者吾喪姑姊妹亦如斯末吾禁也退使其妻繐衰而環絰釋文學戶教反衣衰依註衣作齋音咨繆依註讀曰樛居蚪反衍以善反繐衰上音歲下七雷反喪如字末曷反○鄭註衍或為皮

據注改

鄭氏曰叔仲皮魯叔孫氏之族學教也子柳仲皮之子衣當為齊壞字也繆當為不樛垂之樛齊衰繆絰士妻為舅姑之服也言其妻雖魯鈍其于禮勝學叔仲衍以告告子柳言此非也衍蓋皮之弟繐衰小功之縷而四升半之衰時婦人好輕細而多服此者衍既不知禮之本子柳亦以為然而請於衍使其妻服之姑姊妹在室齊衰與婦為舅姑同愚謂樛結也樛絰以繩一條自額向後而交結于項也環絰為之如環以加於首也舊說謂環絰一股非也繩必兩股而後能固結凡絰皆然一股者不可以為絰也喪服傳曰長殤九月纓絰中殤七月不纓絰又喪服大功章曰牡麻纓絰絰之有纓者止於大功九月則自小功以下絰皆不纓矣不纓者其環絰歟樛之說垂其餘以為纓為之如環故無纓則樛絰者大功以上之絰環絰者小功以下之

与當作為

經也舊説謂環經專用于弔服亦非也此謂舅環經其小大疑亦如齊衰之經但為之如環而不樛耳緦衰四升有半與齊衰之〻升數略相似而其縷輕細環經無纓亦視樛經為差善故當時多服之叔仲衍習見當時所服反以齊衰樛經為非〻柳亦以衍之言為然而請改之姑姊妹在室齊衰與婦與舅姑同子柳言已昔服姑姊妹亦如斯無有禁止我者以見其可服也于是退使其妻緦衰而環經言衍與子柳之不知禮

○成人有其兄死而不為衰者聞子皐將為成宰遂為衰成人曰蠶則績而蟹有匡范則冠而蟬有綏兄則死而子皐為之衰釋文成本或作郕音丞蠶七南反蟹户買反緌耳佳反

鄭氏曰蚩兄死者言其衰之不為兄死如蟹有匡蟬有緌不為蠶之績范之冠也范蜂也蟬蜩也緌謂蟬喙長在腹下孔氏曰

成人不為兄服聞子皐至孝來為成宰必當治不孝之人故懼而制服蟹背殼似匡范蜂也蜂頭上有物似冠也蟬喙長在腹下似冠之緌蠶則須匡以貯絲而今無匡蟹背有匡匡自著蟹非為蠶設蜂冠無緌而蟬口有緌緌自著蟬非為范設亦如成人兄死初不作衰而後畏子皐方為制服服是子皐為之非為兄施亦猶蟹匡蟬緌各不關于蠶蜂也應氏鏞曰此謠雖以戲夫民之為服者不出于誠心寔以喜子皐之孝足以感不友不悌之俗故周公之告康叔以克敬典為急而分正東郊必以孝友之君陳風化之機不在多也

○樂正子春之母死五日而不食曰吾悔之自吾母而不得吾情吾惡乎用吾情釋文惡音烏

鄭氏曰子春曾子弟子惡乎猶於何也孔氏曰禮不食三日子

春悔不以實情勉強至五日言自吾母死而不得吾實情更于何處用吾之寔情乎愚謂曾子居喪水漿不入口者七日子春學于曾子者也故其喪母也五日而不食皆賢者之過也然曾子則出乎至情而非有所勉強子春則勉強以求過禮而情或有所不逮矣故以不用其情為悔也

○歲旱穆公召縣子而問然曰天久不雨吾欲暴尪而奚若曰天則不雨而暴人之疾子虐毋乃不可與釋文旱音汗縣音懸繆音穆雨于付反暴步卜反尪烏光反與音歟○鄭註凡穆或作繆

尪

鄭氏曰然之言焉也尪者面鄉天冀天哀而雨之錮疾人之所哀暴之是虐杜氏預曰尪者病瘠之人其面鄉上

然則吾欲暴巫而奚若曰天則不雨而望之愚婦人于以求之毋乃已疏乎

鄭氏曰已猶甚也巫主接神亦覬天哀而雨之春秋傳說巫曰在女曰巫在男曰覡周禮女巫旱暵則舞雩孔氏曰天道遠人道近天則不雨而望于愚鄙之婦人欲暴之以求雨甚疏遠于道理矣按楚語民之精爽不携貳者始得為巫而云愚婦人者據末世之巫非復是精爽不携貳者也

徙市則奚若曰天子崩巷市七日諸侯薨巷市三日為之徙市不亦可乎釋文徙市上音死下音是為于偽反可或作善

鄭氏曰徙市者庶人之喪禮今徙市是憂戚于旱若喪孔氏曰天子諸侯之喪庶人憂戚無復求覔財利要有必須之物不得不求故于邑里之內而為巷市陳氏澔曰徙市以居喪之禮自責也縣子以其求諸己而不求諸人故可其說然僖公以大旱欲焚巫尫聞臧文仲之言而止縣子不能舉其說以對穆公亦

謂從市爲可則亦疏矣

○孔子曰衛人之祔也離之魯人之祔也合之善夫釋文祔音附夫音扶

鄭氏曰祔合葬也離之有以間其椁中善夫善魯人也祔葬當合孔氏曰衛人離之者象生時男女須隔居處魯人合之者言死異于生不須復隔穀則異室死則同穴故善魯之祔也愚謂離之者穿爲二壙夫婦之棺椁各藏一壙也合之者穿一壙而以夫婦之棺椁合藏于其中也離之則乖祔之義故孔子善魯

卷十二

二月初十日錫鴻披過

禮記卷十二

王制第五之一 别録屬制度

瑞安孫希旦集解

鄭氏曰名王制者以其記先王班爵授禄祭祀養老之法度孔氏曰王制之作蓋在秦漢之際下文云正聽之鄭云漢有正平承秦所置又有古者以周尺今以周尺之語則知是周亡之後也秦昭王亡周故鄭荅臨碩云孟子當赧王之時王制之作又在其後盧植云漢孝文皇帝令博士諸生作王制愚謂史記言漢文帝令博士刺六經作王制謀議封禪巡守事則此篇作於漢時明矣其中言封建授田巡守朝覲喪祭田獵學校刑政皆王者之大經大法然獨封禪不見於篇中豈二戴之所删去與漢人採輯古制蓋將自為一代之典其所採以周制為主而亦或雜有前代之法又有其所自為損益不純用古法者鄭氏見

其與周禮不盡合悉目為夏殷之制誤矣

王者之制祿爵公侯伯子男凡五等諸侯之上大夫卿下大夫上士

中士下士凡五等釋文王者如字徐于況反

鄭氏曰祿所受食也爵秩次也愚謂王者之制祿爵此一句為

下文之綱領此節所言制爵之法也自天子之田以下至小國

之君十卿祿制祿之法也爵定而後祿之輕重隨之故先言爵

而後言祿也上五等爵之通於天下者不及天子者尊王也下

五等爵之施於一國者不及君者尊君也上大夫卿者言上大

夫即卿也周禮大夫與士皆有上中下此上大夫以下惟有下

大夫者蓋在王國則三等之士殊命而中下大夫同命在侯國

則三等之士命雖同而祿則異中下大夫命既同而祿亦同故

士區為三等而大夫則以中從下而止為二等也此制祿爵之

禮記卷十二

別錄屬

瑞安孫希旦集解

班爵授祿祭祀養老之法度孔

下文云正聽之鄭云漢有正平

以周尺之語則知是周亡之後

孟子當赧王之時王制之作又

在其後盧植云漢孝文皇帝令博士諸生作王制愚謂史記言漢文帝令博士刺六經作王制謀議封禪巡守事則此篇作於漢時明矣其中言封建授田巡守朝覲喪祭田獵學校刑政皆王者之大經大法然獨封禪不見於篇中豈二戴之所刪去與漢人採輯古制蓋將自為一代之典其所採以周制為主而亦或雜有前代之法又有其所自為損益不純用古法者鄭氏見

此篇校分節標圈校時每多忽脫以來例須逐節校注標校過

王制

說本取諸孟子而稍有與孟子不同者則漢人所欲斟酌而变通之者也

天子之田方千里公侯田方百里伯七十里子男五十里不能五十里者不合於天子附於諸侯曰附庸

鄭氏曰不合謂不朝會也小城曰附庸附庸者以國事附於大國未能以其名通也愚謂田猶地也方千里者縱横皆千里也凡言方者不必正方積方百里者百則為方千里積方十里者百則為方百里積方十里者四十九則為方七十里積方十里者二十五則為方五十里也庸與墉同城也附墉不成國不能自通於天子而附屬於諸侯也下文云天子大夫之田視子男元士視附庸諸侯大夫之祿倍上士則天子大夫之地亦當倍元士以此推之則子男之地倍附庸而附庸半子男之地蓋為

地方三十五里又方一里者二十五也天子之地百倍於公侯此即君十卿祿之法而又十之者也公侯之地倍伯伯之地倍子男子男倍附庸此即大夫與上中下士之祿遞相倍之法也蓋一則取其形勢之足以相維一則取其貢賦之足以相給也

○朱子語類直卿問封國之制孟子所言如何與周制不合曰先儒以孟子所言是夏殷制周禮是成王時制陳君舉言封疆方五百里以周遺言其徑止二百五十里如此則男國止似一耆長如何建國職方氏所載千里四公千里六侯之類極分明直卿因問武城分土惟三與孟子所言似合曰武城是初得天天下事勢未定且大概建立規模孟子未見周禮不可以破司徒職封國之制愚謂孟子王制言五等封地以百里七十里五十里為三等武城亦言分土惟三此自唐虞夏商以迄於周初

徑二百五十里按語類四庫本內男一作六引止齋此說作徑一百五十里以二字當依蓋作一百五十里則適為五百里四分之一也後再放語類原本

城當作成

成

成

此

之舊制也周禮大司徒公之地方五百里其食者半侯之地方四百里其食者三之一伯之地方三百里其食者三之一子之地方二百里其食者四之一男之地方百里其食者四之一此周公所立之法也孟子王制所言除山川附庸而計之者也故故曰名山大澤不以封周禮所言兼山川附庸而計之者也故魯頌言大啟爾宇錫之山川土田附庸以魯頌及左傳觀之晋宋齊魯諸國土地甚廣必皆不止百里而子産言周制列尊貢重亦與大司徒公食者半侯伯食者三之一子男食者四之一相合然孟子之告北宮錡慎子及子産荅晋人言大國一同皆以舊制為言者蓋周公雖立為此法然必諸侯之有廢滅削奪者然後可以其地增封齊既封而蒲姑氏滅以益齊魯既封而奄滅以益魯不然則雖欲益封而勢有不可得而行者故或仍

其舊而未能盡或盡之而未能及乎其數其能如大司徒之所言者寡矣鄭氏不察乎此而以為周公實已增封則鑿為斥大九州之説欲言周公斥大九州則又鑿為殷承夏末封疆方三千里之説而展轉而益其繆矣

兩田字據周禮改

天子之三公之田視公侯天子之卿視伯天子之大夫視子男天子之元士視附庸

視比也元士上士也周禮載師以家邑之田任稍地以小都之地任縣地以大都之地任畺地大都公之田也小都卿之田也家邑大夫與元士之田也公之田倍卿卿之田倍大夫大夫之田倍元士中士下士不必皆有田以公卿以下遞相倍之法推之其受祿之差亦可得而見矣○大國之卿四大夫祿而天子之卿僅倍大夫何也蓋侯國大夫之祿本少故大國之卿必四

之而乃足天子大夫之田已優故卿第倍之而有餘也此言卿大夫元士受地皆視孟子而遞降一等則漢人之所欲变而通之者也○胡氏渭曰天子之大夫雖曰縣内諸侯而實無五等之號視公侯視伯視子男視猶比也謂其禄秩與之等而已春秋所書王臣来接于我者如南季榮叔之類先儒以季叔為字無異説矣惟公伯子與五等之號相混祭公州公周公亦皆以為天子之三公獨子伯之説互異其曰伯者公羊以為天子之大夫穀梁以為寰内之諸侯是亦以伯為五十之字也至杜預注左傳於祭伯凡伯單伯皆曰伯爵而伯于是乎始為爵矣其曰子者公羊穀梁無説杜於蘓子云周卿士於单子云王官伯於尹子云王卿士是亦與公穀無異而又于尹子王卿士下云子爵成十七年单子注云单伯稱子盖降稱則復以子為爵矣

室疑宣

學者多宗杜氏，遂謂周畿内有伯子之爵。至宋趙鵬飛據黎錞之説，以伯與叔季皆為字，人以其晚出而疑之。余考穀梁范注於凡伯、渠伯糾、单伯、毛伯皆以伯為字，不以為爵。范去杜未遠，已不從其説，奚待黎錞乎？王臣稱子自文十年蘓子始。子者，男子之美稱，蓋文室以後尊王卿士之稱，非五等之子也。天子之公卿大夫元士祿視外諸侯，而無五等之封，虞及商周未之或改也。

制農田百畝。百畝之分，上農夫食九人，其次食八人，其次食七人，其次食六人，下農夫食五人。庶人在官者，其祿以是為差也。釋文：分，扶問反。食音嗣，徐音飼。差，初宜反。○鄭注：分或為糞。

制者，言自庶人在官上迄於君，其頒祿之制也。先言農田者，以其為祿之所自準而起也。所食多者，地美而力勤也；所食寡者，地惡而功寡也。庶人在官，府史胥徒之屬也。其祿以是為差者以是農夫所食之多寡為等級也周禮疏謂下士視上農夫食九人則府食八人史食七人胥食六人徒食五人是也○小司徒授地為三等以所耕之肥瘠為差者也王制之所食有五等以所收之多寡為差者也其所以不同者何也蓋上地百畝必可任者三人乃能耕之中地百畝必所任者二家五人乃能耕之下地百畝必可任者二人乃能耕之其或受上地而家過乎七人受中地下地而家過乎六人五人者則擇其餘夫之長者而授以二十五畝之田其人口減損者亦但退其餘夫之田如此則田固不必歲更而多寡無不均矣故雖家有不止七人者而上地止以家七人為斷也一家之中除老幼者一人其餘男女各半約家五人乃有可任者二人故雖有夫有婦而未至于五人則亦但助其家長以耕而受餘夫之田焉故雖家有不及

五人者而下地必以家五人為率也其糞多而力勤則受上地者可食九人中地可食八人下地可食七人視其七人六人五人者而恒歲餘二人之食焉所謂耕三年則有一年之食也若人功不至則上地中地下地適足以食乎七人六人五人而止此所以授地有三等而所食者五等也庶人在官者之祿以四等為差而其家之人數則不可以五人六人七人八人為限至下士之祿視上農夫而又有圭田五十畝雖視庶人在官者為稍優然其吉凶禮俗之費又非庶人在官者之所可例是皆將不免于不足之患是以又有士田官田之授漢書食貨志云士工商受田五口乃當農夫一人度庶人在官者之受田其法亦如是歟庶人在官者之祿當以賈氏之說為確盖自徒以至下士遞加以一人之食自下士以至大夫遞加以一倍之祿卿之祿

視大夫則倍之三之四之君之祿視卿則十之制祿之差然也

至府史胥徒之有賢否勤惰則馭吏之法在非制祿之所及也

諸侯之下士視上農夫祿足以代其耕也中士倍下士上士倍中士

下大夫倍上士卿四大夫祿君十卿祿次國之卿三大夫祿君十卿

祿小國之卿倍大夫祿君十卿祿

徐氏曰下士田百畝中士二百畝上士四百畝大夫八百畝大

國卿三千二百畝君三萬二千畝次國卿二千四百畝君二萬

四千畝小國卿一千六百畝君一萬六千畝朱子曰君以下所

食之祿皆助法之公田藉庶人之力以耕而收其租士之無田

與庶人在官者則但受祿于官如田之入而已又曰君十卿祿

君所私用若貢賦賓客朝聘祭享别有公儲愚謂大夫田八百

畝以不易一易再易通率之為十六井之公田一邱之地也小

國卿二卯次國卿三卯大國卿四卯則一成之地也君卿之祿厚故三等之國視地之大小而區殺之大夫以下祿薄不可復殺故三等之國同也○此言諸侯卿大夫之祿止于如此而又有所謂百乘之家者何也蓋有千乘之國乃有百乘之家斯制也蓋起于周公擴大諸侯之後而亦惟魯衛齊晉諸大國已益封土者乃能有之與

次國之上卿位當大國之中中當其下下當其上大夫小國之上卿位當大國之下卿中當其上大夫下當其下大夫

鄭氏曰此諸侯使卿大夫覜聘並會之序也孔氏曰同是卿則小國卿在大國卿下大國是大夫小國是卿則卿在大夫上知者以卿執羔大夫執鴈卿希冕大夫元冕卿不得在大夫下也愚謂大國公也次國侯伯也小國子男也蓋制祿則侯上而從公

同為百里故公侯皆為大國制爵則侯下而從伯同為七命故侯伯並為次國上大夫謂下大夫之上者大射禮所謂小卿是也此一節又申言制爵之事也

其有中士下士者數各居其上之三分

徐氏師曾曰此當在上士二十七人之下錯簡在此愚謂注疏以此節為命士出會之禮謂次國之上士當大國之中中當其下小國之上士當大國之下于文義既不分曉且其上節止言下大夫未及上士不當遽以中士下士為言也徐氏之說為是中士下士謂其屬于三卿之下者也數各居其上之三分者謂三卿之下中士下士各三倍其上士之數也三卿而上士二十七人每卿九人則中士下士每卿二十七人也

凡四海之內九州州方千里州建百里之國三十七十里之國六十

五十里之國百有二十凡二百一十國名山大澤不以封其餘以為附庸閒田八州州二百一十國（釋文閒音閑）

鄭氏曰名山大澤不以封者與民共財不得障管亦賦稅之而已愚謂此言畿外八州每州之內所封之國數也然立法如此至其行之須有变通蓋州有廣狹山川形勢有迂曲不必皆整如棋局亦不必每州封國必取足于此数而不可增減也名山大澤不以封一則恐其專財利而不與民同一則恐其據險阻而易于負固也周禮夏官有山師川師賈疏云名山大澤不以封故天子設官以專掌之又立政云夷微盧烝三亳阪尹阪險之地立尹蓋即主山澤之險阻者與畿外之閒田天子亦當遣吏治之三亳等之尹其即主治閒田者與○朱子曰封國之制只是漢儒立下一箇算法九州之地冀州極濶河南河北皆屬

焉雍州亦濶陝西五路皆屬焉若青兖徐豫則疆界有不足者矣設如夏時封建之國至商革命必削其多者以與少者則彼未必服或以生亂又如周襄王以原田與晉文其民不服至于伐之蓋世守其地未肯遽從他人若封王子弟須有空地方可封左氏載齊地蒲姑氏因之而後大公因之若武王不得蒲姑之地即大公亦未有安放處○自此以下至曰采曰流承前言封國之法申言制祿之事也

天子之縣內方百里之國九七十里之國二十有一五十里之國六十有三凡九十三國名山大澤不以朌其餘以祿士以為閒田釋文朌音班

孔氏曰名山大澤不以朌亦為與民共財不障管也畿外諸侯有封建之義故云不以封畿內之臣不世位有朌賜之義故云不以朌愚謂此言畿內所封之國數也畿內之國在稍縣都三

按注改

等之地言縣内者舉其中以該内外也百里之國三公之田也七十里之國卿之田也五十里之國大夫之田也公卿人少而國多者容有以功德而世國者也大夫人多而國少者容有不受田而但賦之祿者也元士受地視附庸此不言者于祿士中包之也畿内之閒田周禮公邑之地也○鄭氏謂三等之國兼以待封王之子弟然王子弟之賢者未嘗不爲公卿大夫則即受公卿大夫之地不必更受地也其不能爲公卿大夫者雖亦必有田以養之而恩或從其殺矣

凡九州千七百七十三國天子之元士諸侯之附庸不與釋文與音預

此揔言畿外畿内所封之國數也○鄭氏謂夏時萬國地方七千里夏末減少殷湯因之更制中國方三千里之地界亦分爲九州而建此千七百七十三國至周公復唐處虞之舊域要服之

内方七千里此不經之說也禹會諸侯于塗山執玉帛者萬國
雖左傳魯大夫之言實不可據天子巡守朝于方岳者不過當
方諸侯未有舉天下之諸侯而盡朝于是者也鄭推萬國之数
地方七千里乃能容之而在畿内者四百然禹貢五服不過五
千里耳且王畿方千里封方五十里之國四百而地已適盡而
天子將所安容乎胡朏明云古言中國者禹貢甸侯綏三千里
之地也所謂四夷者要荒二千里之地所謂四海者九州之外
東夷西戎南蛮北狄王者之所不治是也此言極為分明王制
九州之地方千里者九合為方三千里此據中國言之禹貢甸
侯綏三服之地也千里之外曰采曰流則并数要荒而為方五
千里禹所謂弼成五服至于五千者也東方曰夷南方曰蛮西
方曰戎北方曰狄則極乎四海言之禹所謂外薄四海咸建五

賓服下當據國語添夷蠻要服四字

長又在方五千里之外者也周制王畿千里當禹貢之甸服畿外分為九服每面二百五十里兩面合為方五百里每以二服當禹貢之一服其多于禹貢者藩服每面二百五十里而以衛服内為中國周官言六年五服一朝是也以蠻服為要服大行人言要服六歲一見周官言六服羣辟是也以夷鎮藩三服為荒服大行人言九州之外謂之蕃國世一見是也至于通道九夷八蠻則為四海之地而禹所咸建五長者也殷制不可考國語云邦内甸服邦外侯服侯衛賓服戎翟荒服又云賓服者享荒服者王與商頌言來享王者合疑此乃殷制也賓服分侯衛要服分蠻夷荒服分戎翟此則分五服為九服之漸與商頌言邦畿千里肇域彼四海則四海之内為五服之地方五千里與夏時無以異矣

天子百里之内以共官千里之内以為御釋文共音恭

畿内之地百同百里之内四同千里之内九十六同共官以共百官無采地者之禄為御以給天子之用周禮大府關市之賦以待王之膳服邦中之賦以待賓客四郊之賦以待稍秣家稍之賦以待匪頒邦甸之賦以待工事邦縣之賦以待幣帛邦都之賦以待祭祀山澤之賦以待喪紀幣餘之賦以待賜予匪頒則共官者也其餘則為御者也共官者非必取于百里以内而百里以内之所入與共官之数相當也為御者非必取于千里以内而千里以内之所入與為御之数相當也

千里之外設方伯五國以為屬屬有長十國以為連連有帥三十國以為卒卒有正二百一十國以為州州有伯八州八伯五十六正百六十八帥三百三十六長八伯各以其屬屬于天子之老二人分天

據禮書補　據禮書補

下以為左右曰二伯釋文帥色類反卒子忽反
鄭氏曰屬連卒州猶聚也伯率正亦長也凡長皆因賢侯為之
老謂上公周禮曰九命作伯春秋傳曰自陝以東周公主之自
陝以西召公主之陳氏祥道曰上文千八百國分其土也此縱
以方伯連帥合其人也古者什五之法於州鄉則聯其人（民）于師
田則聯其徒于宿衛則聯其官故能以中國為一人而無內患
為屬連卒州以聯其國為長帥正伯以聯其人故能以天下為
一家而無外虞伯皆稱牧者自內言之則屈于二伯故稱牧曲
禮九州之長入天子之國曰牧是也自外言之則伸于諸侯（故稱伯）王
制謂方伯之國是也愚謂管仲言大公賜履東至于海西至于
河南至于穆陵北至于無棣此周時東伯所主之地也河謂西
河雍冀二州之界西至于河所謂自陝以東也元和郡縣志云

麻城縣有穆陵關荆州之北境也無棣今滄州之盬山縣周幽州地也是東伯所主者幽青兖豫而其南當盡揚州但以對楚言故舉楚北之穆陵耳西伯所主自陝以西有雍州之地而北則連并冀南則得荆州正與東伯各主天下之半朱子疑陝西只是關中雍州之地蓋未詳考耳

千里之内曰甸千里之外曰采曰流釋文甸大薦反采蒼改反

鄭氏曰甸服治田出穀税采九州之内地取其美物以當穀税流謂九州之外夷狄流移或貢或否禹貢荒服之外三百里蛮二百里流方氏慤曰千里之外莫近于侯服而采又侯服之最近者莫遠于荒服而流又荒服之最遠者舉此則要綏之服在其中愚謂此據禹貢之法言之也千里之内曰甸即禹貢之五百里甸服也禹貢據一面言之故曰五百里此據兩面言之故

校左傳訂

曰千里甸田也千里之內其田賦入于天子故謂之甸千里之外曰采曰流此禹貢侯綏要荒四服之地也采即禹貢之侯服百里采言但采取美物以貢天子而不共其田賦也流即禹貢之荒服二百里流言其為流放人之地中庸言放流之屏諸四夷不與同中國左傳言投之四裔以禦魑魅是也自采以及流則畿外四服之地悉在其內矣上言九州之地僅為方三千里此又言甸服千里之外極乎荒服之流而止而其地不盡于九州也

天子三公九卿二十七大夫八十一元士

九卿三孤與六卿也此蓋漢初未見周禮徒聞九卿之名而不知三孤之無職事故欲于九卿之下各置大夫三人元士九人其所以必皆三倍之者亦以九卿之數三倍于公故放而遞倍之也此大夫元士惟謂其屬于九卿者若周禮大宰之下小宰

中大夫二人宰夫下大夫四人上士八人者非謂天子大夫元士之数止于此也鄭氏以此為夏制非也明堂位曰夏后氏官百以職而計之也此公卿大夫元士之数以人而計者也周官三百六十而其人数則多矣夏官百殷二百必非一職止一人為之若夏天子止有官百人豈足以理天下之事耶○自此以下至下大夫一命言設官之法與其命数之異又申言制爵之事也

大國三卿皆命于天子下大夫五人上士二十七人次國三卿二卿命于天子一卿命于其君下大夫五人上士二十七人小國二卿皆命于其君下大夫五人上士二十七人

鄭氏曰命于天子者天子選用之如今詔書除吏是矣小國亦三卿一卿命于天子二卿命于其君此文似誤脱耳或者欲見畿内之國二卿與孔氏曰三卿立司徒兼冢宰之事立司馬兼

宗伯之事立司空兼司寇之事故左傳云季孫為司徒叔孫為司馬孟孫為司空五大夫謂司徒下置小卿二人小宰小司徒也司空下亦置二小卿小司寇小司空司馬事省惟置一小卿小司馬也小國亦三卿此言二卿誤也案前云小國有上中下三卿位當大國之下大夫若無三卿何上中下之有乎愚謂命于天子者謂天子加以爵命若周定王以黻冕命晋士會為大傳是也魯有夏父弗忌為宗伯則下大夫當有小宗伯而無小宰而小宰之事小司徒兼之也此五大夫二十七元士亦惟謂其屬于三卿者周禮大宰職所謂設其參傅其伍陳其殷非謂一國之大夫上士止于此也大射禮小卿賓西東上大夫繼而東上若有東面者則北上小卿乃下大夫之上即此下大夫五人是也而又有繼而東上之大夫又有東面北上之大夫則大

夫之不止于五明矣次國亦謂侯伯也左傳齊管仲曰有天子
之二守國高在此侯伯之國二卿命于天子也小國亦三卿一
卿命于天子二卿命于其君故前文云小國之上卿當大國之
下中當其上大夫下當其下大夫此惟言小國二卿皆命于其
君不言一卿命于天子者文省也○上文其有中士下士者數
各居其上之三分宜承此下

天子使其大夫為三監監于方伯之國國三人監古蹔反監于古銜反

鄭氏曰使佐方伯領諸侯愚謂方伯之國設三監經傳皆無其
事而惟見于此篇豈其聞周初有三監監殷之事故欲放而設
之與三監之說見于書序及漢書地理志蓋武王既滅殷殷之
畿内千里分其地以封武庚管蔡等班固及尚書禮傳以武庚
管蔡為三監鄭康成以管蔡霍三叔為三監監即諸侯也書云

管叔亦監也疑當作武庚

在疑立

王啟監厥乱為民周禮大宰職立其監是也殷之監不止于三
曰三監者據其為乱者三人也仁山金氏云凡封于殷者皆監
殷者也其後獨管蔡霍三人叛故曰三監其實管叔亦監也此
言是也後世失其說謂三監乃監于武庚之國者而漢人遂欲
于方伯之國皆設三監亦異于先王之制矣既使為方伯而又
立為三監以窺伺其動靜牽制其手足此乃末世猜防之術曾
謂先王之世而有是乎

天子之縣内諸侯祿也外諸侯嗣也

縣内諸侯謂天子之公卿大夫受地視公侯以下也祿者言予
之地以為祿居其位乃食其地而不得以國傳世也外諸侯嗣
者畿外諸侯得繼世而在也○内諸侯雖不世然其有功德者
亦得世之若周召畢劉之屬是也凡祭亦畿内國而富辰與列

司裘按周礼訂
諸子職文与掌諸侯語

國並数此畿内亦有世國之明証但其所制之田以為公卿之禄者則不世耳周禮裘人王大射則共虎侯熊侯豹侯諸侯則共熊侯豹侯卿大夫則共麋侯諸子掌諸侯卿大夫士庶子之卒此篇言羣后之子卿大夫之適子皆入學鄭氏云羣后三公及諸侯卿大夫之上有諸侯則諸侯與卿大夫有別矣蓋總而言之則天子之卿大夫皆内諸侯也别而言之則世國者為諸侯不世國而居其位者為卿大夫也卿大夫之田以為之禄王無所取焉若予之國而使之世者則有所貢於王司勲凡賞地叁之一食是也左傳子産曰卑而貢重者甸服也畿外之國男之地方百里而王食其四之一畿内之國自方百里以下而王乃食其叁之一故曰重若諸侯入為卿大夫則又加賜之田司勲所謂加田無國征是也蓋不如是則諸侯之為卿大夫者反

不如其不為諸侯之卿大夫得以全食其田之入矣○疏謂公卿之子父死得食其父禄此盖狃于世禄之説而失其義也先王之世仕者之子孫皆教之教之而成材則官之父子爵同者無論已如父為卿而子為大夫則食大夫之禄而不必食卿之禄矣父為大夫而子為士則食士之禄而不必食大夫之禄矣其不可用則雖不得仕亦必有禄以養之而其恩之降殺澤之久近亦必有其節焉初非遂食其父之禄使得傳之無窮也夫然故地不虞其不給而恩不患其無等也

制三公一命卷若有加則賜也不過九命次國之君不過七命小國之君不過五命卷音衮古本反

鄭氏曰卷俗讀也其通則曰衮愚謂制謂命数之制也卷與衮同衮冕九章之服也三公八命服鷩冕加一命則為上公而服

衮冕若有加則賜者謂衮冕之外更加餘服則出于王之特賜
而非常制也虞書曰予欲觀古人之象日月星辰山龍華蟲作
繪藻火粉米宗彝黼黻絺繡以五采彰施于五色作服此王之
服十二章也公之服自衮冕以下今于衮冕之外更有加賜則
其為蕪畫星辰者與加賜于命服之外所謂褒衣者也不過九
命者言服雖加而命則止于九也次國之君不過七命小國之
君不過五命者侯伯服鷩冕子男服毳冕亦或有加賜之服若
詩言韓侯入覲而王錫以元衮是也然服雖加而命亦不加故
曰不過七命不過五命于内臣言三公而不言卿大夫舉上以
見下也于外臣言次國小國而不言大國舉下以見上也○周
禮司服孤之服希冕以下卿大夫元冕以下士爵弁以下皆據
諸侯之臣言之而不及天子之公卿大夫士蓋以典命有衣服

各如命数之文與司服可互叅耳三公一命卷則三公之末加命者服鷩冕矣三公八命而服鷩冕則孤卿六命而服毳冕大夫四命而服希冕上士三命而服元冕中士再命下士一命而並服爵弁也禮無八章六章四章之服故天子公卿大夫之服皆視其命而遞降一等若其自祭之服則爵弁者元端元冕者朝服希冕者爵弁而毳冕以上皆元冕與

大國之卿不過三命下卿再命小國之卿與下大夫一命

周禮公侯伯之卿三命其大夫再命子男之卿再命其大夫一命左傳晉侯以三命命先且居將中軍以再命命先茅之縣賞胥臣以一命命郤缺為卿魯叔孫穆子為卿止于再命季平子叔孫昭子初以再命為卿及伐莒克之更受三命是公侯伯之卿以三命為極而其初升者或惟再命及一命也子男之卿以

再命為極而其初升者或惟一命也此蓋先王愼重爵賞之意言大國之卿而不言次國者次國與大國同也不言小國上卿再命者以大國之下卿互明之也不言大國之下大夫再命者以小國之下大夫互明之也

○凡官民材必先論之論辨然後使之任事然後爵之位定然後祿之

此因上文言設官而因言入官之法也官民材謂庶民之材者出于鄉學而官之者也論謂考論之周禮鄉大夫三年大比則考其德行道藝而與賢者能者是也辨明也使謂試之以事也任事謂試之而堪其事也爵定其位次也初入仕者必先試之以事若後世試守之法視其才之果可用也而後加爵祿故虞書言明試以功而後車服以庸所以愼名器而杜僥倖也

爵人于朝與士共之刑人于市與衆棄之是故公家不畜刑人大夫

毛本阮本衞集說要作不

弗養士遇之塗弗與言也屏之四方惟其所之弗及以政示弗故生也畜許六反塗作涂音徒屏必正反。政舊如字今音征石經示作亦

鄭氏曰必共之者所以審慎之也屏猶放去也已施刑則放之棄之役賦不及亦不授之以田困之又無賙餼也愚謂此承上官民材而言爵人又因爵人而并及刑人爵人于朝謂士也若大夫則命之于廟刑人于市亦謂士庶人也若大夫則于朝與士共與衆棄者天命天討皆非君之所得私也公家不畜刑人大夫弗養士弗與言者以其為刑餘凶惡之人賤而遠之也屏之四方者虞書云五刑有宅五宅三居是也孔傳云大罪四裔次九州之外次千里之外四裔即荒服之二百里流九州之外即要服之二百里蔡千里之外謂罪人所居千里之外非王畿千里之外也惟其所之者既至流放之所則任其所之適不為之

再命為極而其初升者或惟一命也此蓋先王慎重爵賞之意言大國之卿而不言次國者次國與大國同也不言小國上卿再命者以大國之下卿互明之也不言大國之下大夫再命者以小國之下大夫互明之也

○凡官民材必先論之論辨然後使之任事然後爵之位定然後祿之

此因上文言設官而因言入官之法也官民材謂庶民之材者出于鄉學而官之者也論謂考論之周禮鄉大夫三年大比則行道藝而與賢者能者是也辨明也使謂試之以事也任事謂試之而堪其事也爵定其位次也初入仕者必先試之以事若後世試守之法視其才之果可用也而後加爵祿故虞書言明試以功而後車服以庸所以慎名器而杜僥倖也

釋文畜許六反徐音注本又作蓄

爵人于朝與士共之刑人于市與衆棄之是故公家不畜刑人大夫

授田里也周禮掌戮墨者使守門劓者使守關宮者使守內刖者使守囿髡者使守積蓋擇其材之稍可用者用之其餘則屏之也不及以政不及以征役之事也所以待刑人如此者以示不欲使其生故外之于王化所謂棄之也

○諸侯之于天子也比年一小聘三年一大聘五年一朝朝直遥反　釋文

鄭氏曰比年每年也小聘使大夫大聘使卿朝則君自行然此大聘與朝晋文霸時所制也愚謂周禮大宗伯時聘曰問殷頫曰視此諸侯聘于王之法時聘曰問謂王室有事則使大夫問之殷頫曰視謂十二年王有故不巡守則衆使大夫視之是不以比年三年為常期也大行人侯服歲一見甸服二歲一見男服三歲一見采服四歲一見衛服五歲一見要服六歲一見是諸侯之朝于天子以六歲而徧而不以五年也此記所言非周

制明矣鄭氏以此大聘與朝爲晉文霸制蓋據左傳子大叔之言然以書考之則五年一朝與下言五年一巡守實虞夏之制也舜典言五年一巡守羣后四朝虞夏五服甸服爲王畿其餘四服分四年而朝一年侯服朝二年綏服朝三年要服朝四年荒服朝五年王巡守明年侯服又朝又如上而周則每服朝王相距各五年矣比年一小聘三年一大聘則聘義以爲天子制諸侯之法蓋即大行人所謂諸侯之邦交歲相問殷相聘者而漢人欲以其禮施之天子也

天子五年一巡守守手又反

鄭氏曰天子以四海爲家時一巡省之五年者虞夏之制周則十二歲一巡守呂氏祖謙曰巡守之禮乃維持政治攝服人心之道大抵人心久則易散政治久則必缺一次巡守又提攝整

頓一次此新新不已之意楊氏時曰虞舜之世其事簡其民寡其巡守也兵衛少征求輕故行之五歲不爲數成周之世其事煩其人衆其于巡守也兵衛多供億繁故行之十二年不爲疏

歲二月東巡守至于岱宗柴而望祀山川覲諸侯問百年者就見之

歲謂當巡守之歲也二月據其至方岳之月也下放此岱宗東嶽也岱爲四嶽之首故曰宗宗者尊也柴燔柴祭天也王者一歲祭天有九巡守在外則于常祀不能視舉故將出既有類祭而每至方岳之下又舉其禮王者之事天猶子之事父母不敢瀆亦不敢曠也望祀山川望祭東方之山川也覲諸侯者覲見當方之諸侯也諸侯朝王四時禮異至朝于方岳則一以覲禮行之故其名皆曰覲也百年之人所閱天下之義理多矣就而見之亦欲以訪問政治之得失非徒敬老之文已也○周禮四

粮食疑當作飲食見遂人文

時常朝之外有時見曰會殷見曰同時見謂非巡守之歲王因時事而出于所有事之地而大合諸侯若成王岐陽之蒐康王酆宮之朝穆王塗山之會宣王東都之苗是也殷見謂王巡守至方岳之下而大合諸侯大行人言王巡守殷國是也會同之名對則別散則通蓋其所為雖異而其禮則同也周禮言巡守者甚少而言會同者甚多有車輦馬牛衆庶之作有草路士庶子之從有任器之載有粮食委積之任供所舍有梐枑藩盾之設所居有賣債之事出則有宜造歸則有舍奠所過有山川之祀所至有禱祠之祭則會同之即巡守明矣若王十二年或有故不巡守諸侯或以使聘王或親朝于王王于諸侯来朝者于國外為壇而命之周禮所謂大朝覲是也司儀王大合諸侯則令為壇三成覲禮之末有諸侯覲于天子之禮皆謂此也周禮每以

為言疑為之

大朝覲會同並言蓋大朝覲之禮即於會同而為言者則會同之禮亦可見矣

命大師陳詩以觀民風命市納賈以觀民之所好惡志淫好辟命典考時月定日同律禮樂制度衣服正之大音泰賈音嫁好呼報反惡烏路反辟匹亦反

鄭氏曰陳詩謂采其詩而視之市典市者賈謂物貴賤厚薄也質則用物貴淫則侈物貴民之志淫邪則其所好者不正愚謂大師掌教六詩命大師陳風者命諸侯大師之官各陳其所采國中之風謡何休公羊註云男年六十女年五十無子者官衣食之使之民間求詩鄉移于邑邑移于國國以聞于天子是也市謂司市之官命市納賈者命諸侯司市之官各納其市賈之貴賤也詩有貞淫美刺市賈有貴賤質侈觀之所以見風俗之美惡好尚之邪正典主也典禮謂大史下云大史典禮是也此謂

天子之大史從王而出者也周禮大史職云大會同朝覲以書協禮事時謂四時月謂月之大小日謂日之甲乙律十二律禮五禮樂六樂制度城郭宫室車旗之屬大史掌邦之六典八法八則正歲年以序事訂其得失謂之考齊其參差謂之定一其乖異謂之同凡此皆所以正其不正也

山川神祇有不舉者為不敬不敬者君削以地宗廟有不順者為不孝不孝者君絀以爵變禮易樂者為不從不從者君流革制度衣服者為畔畔者君討有功德于民者加地進律絀丑律反

鄭氏曰不順者謂若逆昭穆孔氏曰山川是外神故云不舉不舉不敬也山川在國境故削以地宗廟是内神故云不順不順不孝也宗廟可以表明爵等故絀以爵禮樂雖大事而非切要故以為不從君惟流放制度衣服政治之急故以為畔君須誅

討此四罪先輕後重律法也謂法度即大行人上公九命繅藉九寸冕服九章建常九斿之等是也馬氏晞孟曰進律者若子男以五為節則進之以七侯伯以七為節則進之以九也

五月南巡守至于南嶽如東巡守之禮八月西巡守至于西嶽如南巡守之禮十有一月北巡守至于北嶽如西巡守之禮歸假于祖禰用特假音格禰乃礼反

鄭氏曰假至也特特牛也祖下及禰皆一牛愚謂歸至于祖禰之廟而告至也先告于大廟而反齊車之主然後歷告羣廟至禰而畢

天子將出類乎上帝宜乎社造乎禰諸侯將出宜乎社造乎禰釋文類作禷音同造七報反

鄭氏曰類宜造皆祭名其禮亡孔氏曰將出謂巡守初出時也

類乎上帝謂祭告天也宜乎社者巡行方事誅殺封割應載社主令誅伐得宜也社主于地又為陰而誅罰亦陰故于社書云弗用命戮于社是也造乎禰者造至也謂至父祖之廟也此出應歷至七廟前云歸格祖禰明出亦告祖禰今惟云禰者白虎通云辭從卑不敢留尊者之命至禰不嫌不至祖也皇氏申之云行必有主無則主命載于齊車今告出先從卑起然後至祖仍取遷主則行若前至祖後至禰是留尊者之命為不敬也若還則先祖後禰先應反主祖廟故也然出告天地祖禰還惟告廟不告天地者白虎通云天道無内外故不復告也諸侯將出謂朝王及自相朝盟會征伐之事也不得告天故從社始亦載社主也造乎禰亦告祖及載主也陳氏祥道曰類造禮之其詳不可得聞要之劣於正祭與旅也觀祀天旅上帝而大宗伯掌

之類造上帝小宗伯肆師掌之則禮之隆殺著矣愚謂凡禮之
類正禮而為之者謂之類類乎上帝就南郊而告天類郊祭之
正禮而為之也宜求行事得宜也疏專言誅殺非是天子將出
為巡守則諸侯將出為朝會疏兼言征伐亦非是

天子無事與諸侯相見曰朝考禮正刑一德以尊于天子
無事謂無兇戎死喪之事也朝謂四時之常朝也諸侯來朝而
以所行之禮所用之刑所脩之德考之以訂其是非正之以防
其偏枉一之以範其乖違所以尊事天子也孟子所謂諸侯朝
于天子曰述職是也蓋諸侯各治其國政治有得失職事有脩
廢故巡守則自天子而下察乎侯國朝覲則自諸侯而上質于
王朝此先王所以整飭天下之具而禮樂征伐之權之所以出
于一也

天子賜諸侯樂則以柷將之賜伯子男樂則以鼗將之柷昌六反 鼗音桃

鄭氏曰將謂執以致命柷鼗皆所以節樂者孔子〔氏〕曰凡與人之物置其大者于地執其小者以致命于人按漢禮器制度柷狀如漆桶中有椎將作樂先擊之鼗如小鼓長柄旁有耳搖之使自擊柷節一曲之始其事寬故以將諸侯之命鼗節一唱之終其事狹故以將伯子男之命愚謂書言合止柷敔詩言鞉磬柷圉皆天子之樂也大射諸侯禮言鼗倚于頌磬西紘而不見有柷是樂之重者乃有柷故以將諸侯之樂其輕者但有鼗故以將伯子男之樂與諸侯來朝其有功德者天子必有以賜之故此下三節皆言予〔賜〕諸侯之事

諸侯賜弓矢然後征賜鈇鉞然後殺賜圭瓚然後為鬯未賜圭瓚則資鬯于天子鈇方于反又音斧 鉞音越 圭字又作珪 說文珪古字圭今字 瓚才旦反 鬯敕亮反

瓚按疏改

鄭氏曰得其器乃敢為其事圭瓚鬯爵也孔氏曰賜弓矢謂八命作牧者賜鈇鉞賜圭瓚皆謂上公九命者晉文雖受弓矢不受鈇鉞不得專殺故執衛侯歸之于京師若未賜圭瓚則用璋瓚故周禮小宗伯註云天子圭瓚諸侯璋瓚按玉人職大璋中璋邊璋黄金勺青金外朱中鼻寸衡四寸鄭註云鼻勺流也凡流皆為龍口三璋之勺形如圭璋又典瑞註瓚槃大五升口徑八寸下有槃口徑一尺又明堂位註云以大圭為柄玉人註又云有流前注此是圭瓚之形也釀秬黍為酒和以鬱金之草謂之鬱鬯不以鬱和直謂之鬯既不得鬯則用薫故王度記云天子以鬯諸侯以薫愚謂天子在軍乃用斧鉞故詩言武王載旆有虔秉鉞書言武王左杖黄鉞諸侯非受賜者不得用也周宣王賜召穆公以圭瓚秬鬯平王賜晉文侯襄王賜晉文公皆有

弓矢而無鈇鉞有秬鬯而無圭瓚蓋文侯文公皆命為侯伯者也召穆公則天子之三公加命為上公者也孔疏謂賜弓矢者為八命之牧賜鈇鉞圭瓚者為九命之上公是也又謂賜鈇鉞然後隣國臣弑君子弑父者得而誅之則非是賜鈇鉞然後弑*（殺）*謂有罪當殺而非亂賊若衛成公者耳若臣子弑其君父人人得而誅之不待賜鈇鉞也未賜圭瓚不得為鬯故資鬯于天子謂待天子賜以秬鬯而用之若晉文侯文公是也諸侯之未賜秬鬯者其灌未知何所用王度記之言未可據也

弑當作殺

天子命之教然後為學小學在公宮南之左大學在郊天子曰辟廱諸侯曰頖宮辟音璧　頖音半

鄭氏曰學所以教士之宮尚書傳曰百里之國二十里之郊七十里之國九里之郊五十里之國三里之郊王氏曰天下不可

王氏下當添安石

居據周禮訂

一日無教是諸侯未有不命之教者所謂命之教然後為學者何也曰教不可不資之天子資之天子道德所以一也愚謂小學在公宮南之左此世子與國子所入之小學周禮師氏居在虎門之左司王朝凡國之貴遊子弟學焉是也大學在郊即頖宮也廱澤也詩毛傳云水旋丘如璧曰辟廱鄭氏云築土廱水之外圓如璧四方來觀者均也頖詩魯頌作泮鄭氏云泮之言半也半水者蓋東西門以南通水北無也辟廱頖宮天子諸侯大學之異名也鄭此註云辟明也廱和也所以明和天下頖之言頒也所以頒政教也蓋鄭注禮記時未見毛詩傳當以毛傳及鄭氏箋詩之說為確朱子詩集傳亦用毛傳鄭箋之說水經注曰泮宮在高門直北道西宮中有臺高八十尺臺南水東西一百步南北六十步臺西水南北四百步東西六十步臺池咸結

石為之詩所謂思樂泮水者此魯泮宮之制其臺東亦當有水蓋久而堙塞耳○天子諸侯皆有國學鄉學而國學鄉學又各有大小鄉學以閭之塾州黨之序為小以鄉之虞庠為大國學以在公宮南之左者為小以辟廱頖宮為大胄子之入小學者皆于國之小學其入大學則在辟廱頖宮士庶之子入小學者皆于閭之塾而遍升于州黨之序其入大學則于鄉之庠其俊異者乃升于國學而教之下文所謂俊造是也○自諸侯之于天子至此明朝覲巡守之事

天子將出征類乎上帝宜乎社造乎禰禡于征之地受命于祖受成于學禡馬怕反又音百

鄭氏曰禡師祭也為兵禱其禮亦亡受命于祖告祖也受成于學定兵謀也愚謂禡周禮肆師作貉鄭註云祭造軍法者其神

盖蚩尤或曰黄帝受命于祖告于大祖之廟而卜之也受成于學在大學之中定其謀也卜吉然後定謀謀定然後行類宜造之祭而奉社主與遷廟主以行也

出征執有罪反釋奠于學以訊馘告訊本又作誶言信馘古獲反鄭註馘或為國

釋奠設薦饌而酌奠不迎尸也訊所生獲當訊問者馘殺之而割取其左耳者出師之時受成于學故有功而反則釋奠于先聖先師而告之以克敵之事也凡祭告輕者釋幣重者釋奠聘禮使者歸乃至于禰筵几于室薦脯醢觴酒陳席于阼薦脯醢三獻此大夫釋奠之禮也天子諸侯釋奠則有牲牢則有舞曾子問曰凡告用牲幣反亦如之文王世子曰凡釋奠者必有合也合謂合樂也孔氏曰周禮宗伯師還献愷于祖司馬職云愷樂献于社此記不云祖及社周禮不云献愷于學皆文不具也

○自天子將出征至此明天子出師祭告之禮

天子諸侯無事則歲三田一為乾豆二為賓客三為充君之庖乾音干庖步交反

孔氏曰乾豆乾之以為豆實豆實非脯而云乾者謂作醢及臡先乾其肉是上殺者也二為賓客中殺者也三為充君之庖下殺者也范甯云上殺中心死速次殺射髀骼死差遲下殺中腸汚泡死最遲又車攻傳云自左膘而射之達于右腢為上殺射右耳本次之射左髀達于右䯒為下殺是有三等之殺先宗廟次賓客尊神敬賓之義愚謂周禮大司馬及左傳臧僖伯諫僖公皆言春蒐夏苗秋獮冬狩是天子諸侯皆歲四田杜氏云蒐擇取不孕者苗為苗除害也獮殺也以殺為名順秋氣也狩圍守也冬物畢成獲則取之無所擇也此則四時之田之所以名也此言天子諸侯歲三田與周禮左傳不合惟公羊傳云春曰

盖蚩尤或曰黄帝受命于祖告于大祖之廟而卜之也受成于學在大學之中定其謀也卜吉然後定謀謀定然後行類宜造之祭而奉社主與遷廟主以行也

出征執有罪反釋奠于學以訊馘告訊本又作誶言信馘古獲反鄭註馘或為國

釋奠設薦饌而酌奠不迎尸也訊所生獲當訊問者馘殺之而割取其左耳者出師之時受成于學故有功而反則釋奠于先聖先師而告之以克敵之事也凡祭告輕者釋幣重者釋奠聘禮使者歸乃至于禰筵几于室薦脯醢觴酒陳席于阼薦脯醢三献此大夫釋奠之禮也天子諸侯釋奠則有牲牢則有舞曽子問曰凡告用牲幣反亦如之文王世子曰凡釋奠者必有合也謂合樂也孔氏曰周禮宗伯師還献愷于祖司馬職云愷樂献于社此記不云祖及社周禮不云献愷于學皆文不具也

春官大司樂王師大獻則令奏愷[illegible]

苗秋曰蒐冬曰狩諸侯曷為必狩一曰乾豆二曰賓客三曰充君之庖則此記之言之所自出也蓋漢初周禮未出而左傳傳者尚少作是篇者本為公羊之學故其為說如此

無事而不田曰不敬田不以禮曰暴天物

鄭氏曰不敬者簡祭祀畧賓客孔氏曰田不以禮殺傷過多是暴害天子所生之物以禮田者則下文天子不合圍至不覆巢皆是也

天子不合圍諸侯不掩羣天子殺則下大綏諸侯殺則下小綏大夫殺則止佐車佐車止則百姓田獵（綏音蕤耳隹反）

鄭氏曰不合圍不掩羣為盡物也綏當為緌緌下謂弊之佐車驅道之車孔氏曰天子四時田獵皆得合圍但圍而不合若諸侯惟春田不得圍其夏秋冬三時得圍圍亦不合故下曲禮云國

麾疑綏

君春田不圍澤諸侯不掩羣者是畿内諸侯為天子大夫故下
曲禮云大夫不掩羣下謂獘仆于地也初殺時則抗之已殺獵
止則獘之故詩傳云天子發抗大綏諸侯發抗小綏大司馬云
設
及驅逆之車註云驅驅出禽獸逆逆要不得令走大夫殺則止
佐車則天子諸侯殺未止佐車也大司馬又云夏車獘注云驅
獸之車止但夏時佐車止百姓未得田獵此云佐車止則百姓
田獵謂冬獵之時佐車止則百姓田獵以此推之則天子殺然
後諸侯殺諸侯殺然後大夫殺故詩傳云天子發然後諸侯發
諸侯發然後大夫士發是也愚謂不合圍謂圍其三面而不合
易所謂王用三驅失前禽是也大麾天子田獵所建之旌柒旄
為黑色注之竿首而無旒縿以其垂旄綏綏然故謂之綏明堂
位夏后氏之綏是也以其可以指麾故又謂之大麾周禮巾車

木路建大麾以田是也小綏諸侯田獵所建之旌制如大綏而稍小者也

獺祭魚然後虞人入澤梁豺祭獸然後田獵鳩化爲鷹然後設罻羅草木零落然後入山林昆蟲未蟄不以火田不麛不卵不殺胎不殀夭不覆巢獺徐他達反又他瞎反豺仕皆反罻音尉一音欝零作苓音同蟄直立反麛本又作麑同音迷卵力管反殀夭上于表反下烏老反覆芳服反

鄭氏曰取物必順時候也梁絶水取魚也昆明也明蟲者得陽而生得陰而藏不麛不卵不殺胎不殀夭者重傷未成物也殀斷殺也少長曰夭覆敗也孔氏曰月令正月獺祭魚孝經緯云獸伏蟄獺祭魚則十月中也是獺一歲再祭此獺祭魚然後虞人入澤梁謂十月時月令九月豺乃祭獸夏小正十月豺祭獸則是九月末十月初也然後田獵百姓可以田獵也月令二月鷹化爲鳩則八月鳩化爲鷹説文云罻捕鳥網也爾雅云鳥罟

按孫校有祭下當有魚字

罛從國語改
深當作澤
獺字衍

謂之羅月令季秋草木黄落其零落芟折則在十月此時官民
總取材木若依時取者則山虞云仲夏斬陽木仲冬斬陰木不
在零落之時昆蟲未蟄謂未十月時十月則得火田司馬職云
春火弊從十月以後至仲春皆得火田也不麛不卵之等春時
特甚其實四時皆然愚謂獺祭魚未必有二時月令孝經緯各
據所聞言之耳月令季冬命漁師始漁國語里革云古者大寒
降土蟄發水虞于是乎講罝（罛）罶則虞人入深淥（澤）在冬時此獺祭
魚獸自當謂十月也周禮鼈人秋獻龜魚乃魚之伏于土中簎（藉）
而得之者非網罟之所取也司裘仲秋獻良裘王乃行羽物羅
氏仲春羅春鳥行羽物鄭氏云仲春鷹化為鳩仲秋鳩化為鷹
順其始殺與其將止而大班羽物則自仲秋迄乎仲春皆得羅
鳥也○自天子諸侯無事歲三田至此明田獵之禮

卷十三

五月二十九日錫恩校過

禮記卷十三

王制第五之二

瑞安孫希旦集解

冢宰制國用，必於歲之杪，五穀皆入，然後制國用。用地小大，視年之豐耗，以三十年之通制國用，量入以為出。杪，亡小反。量，音諒。

冢宰制國用，周禮大宰以九式均節財用是也。杪，末也。歲末五穀皆入，然後多寡有數，而國用可制也。用地小大者，王畿千里，自公卿大夫采地之外，除山林沈斥林麓城郭邑居之不為田者，其餘以再易一易不易通計之，而據其出賦之實地也。然地之小大有定，歲之豐凶無常，故必以二者相參而制之。以三十年之通制國用者，預度三十年之所入，以歲之豐凶通融相較，而酌用其中數，以制為國用也。量入以為出者，量每年所入之中數，以制為所出之數，而常留其四分之一焉，則三十年之通得有十年之蓄而無患於不足矣孔子氏曰崔氏云三十年之間大約有閏月十三足為一年故惟有九年之蓄王肅以為二十七年有九年之蓄而言三十者舉成數也兩義皆通未知孰是

祭用數之仂仂音勒又音力

鄭氏曰筭今年一歲經用之數用其什一孔氏曰仂是分散之名故考工記云石有時而泐考工記又云以其圍之阞捎其藪彼註阞謂三分之一此云什一者以民稅一歲十一則國家所用亦什一也

喪三年不祭惟祭天地社稷為越紼而行事

鄭氏曰祭天地社稷不敢以卑廢尊越猶蹶也紼輴車索孔氏曰未葬之前屬紼於輴以備火災今既祭天地社稷須越蹶此紼而往祭所故云越紼呂氏大臨曰人事之重莫重於哀死故

五社疑當作五祀

祭雖至重亦有所不行蓋祭而誠至則忘哀祭而誠不至則不如不祭之為愈范氏伯崇曰鄭氏觧惟祭天地社稷云不以卑廢尊也此說非是天子諸侯之祭〔喪〕惟不祭宗廟爾郊社五社皆不廢也天地可言尊於宗廟社稷五社不尊於宗廟也但內事用情故宗廟雖尊而有所不行外事由文故社稷五社不可廢其祭曾子問疏謂外神不可以己私喪久廢其祭其說優於鄭氏矣內事用情以子孫哀戚之情推祖考之心知其必有所不安於此而子孫之于祖宗至敬無文又不可使人攝事必也親祭麤衰不可以臨祭又不可以釋衰而吉服徇情而廢禮亦明矣外事由文者有國家者百神是主天子之於天地諸侯之於社稷大夫之於五社皆禮文之不可已者非若子孫之於祖考不得以私喪久廢其祭而其祭也必以吉服吉禮故不得已隨

其輕重而使人攝焉期於無廢其文而已愚謂喪三年不祭不親祭也曾子問曰君薨五祀之祭不行既殯而祭五祀毋尚祭則餘神可知此舉其尊者言之故云唯祭天地社稷其實外神皆祭也言唯者對宗廟尚未祭言之非對其餘外神也既祔之後宗廟亦祭左傳云凡君薨卒哭而祔祔而作主特祀於主烝嘗禘於廟又左傳晋悼公改服脩官烝於曲沃而遷廟之禮亦必因練後祫祭也凡在喪而祭者皆使人攝之而其禮皆有其(所)殺焉周禮量人凡宰祭與鬱人受斝歷而皆飲之晋既烝於曲沃而是冬叔言言寡君未禘祀此使人攝祭宗廟之証也曾子問所言既殯而祭五祀有降殺之法大宗伯以饋食享先王鄭氏謂始禘自饋食始則在喪而祭宗廟者雖人君但用饋食之禮(與)焉

喪用三年之仂

鄭氏曰喪大事用三歲之什一愚謂喪禮繁多自始死含襲以迄於祥禫除喪其所用總為三歲之仂也

喪祭用不足曰暴有餘曰浩祭豐年不奢凶年不儉

鄭氏曰暴耗也浩大也不奢不儉常用數之仂愚謂不足謂財匱而用不給由於用之無度而物力傷殘也故曰暴有餘謂財多而用不盡由其用之有節而儲蓄豐羨也故曰浩以三十年之通數而祭常用其仂故豐年不奢留其有餘於凶也凶年不儉資其不足於豐也此制用豐凶相補之法也然凶歲祭事不縣祀以下牲則豐固不奢而凶則未嘗不儉矣而曰凶年不儉何也蓋祭有大祀中祀小祀凶年於小祀或殺而大祀則未嘗有所儉也國用不止於喪祭而喪祭之事為大且其費為繁故

此上四節特以喪祭明制用之法

國無九年之蓄曰不足無六年之蓄曰急無三年之蓄曰國非其國也三年耕必有一年之食九年耕必有三年之食以三十年之通雖有凶旱水溢民無菜色然後天子食日舉以樂

九年之蓄者三十年之通所用之餘財也三十年而有九年之蓄者乃制用之常法也少於此謂之不足又少焉而無六年之蓄則曰急又少焉而無三年之蓄則無以待意外之變而國非其國矣然非獨國家之所蓄者如此其在民者亦必三年耕則有一年之餘食九年耕則有三年之餘食以三十年之通則國與民皆有九年之蓄其藏富於民者既足以為凶年之備而國有餘儲又可以行蠲免賙𧸖阨故雖有凶旱水溢而民無食菜之饑色也如此然後天子之食每日一舉而侑之以樂不然則

有所不安於是也舉謂殺牲盛饌以食也周禮膳夫王日一舉鼎十有二物皆有俎以樂侑食應氏鏞曰此非謂旱乾水溢亦不廢樂也謂既有三十年通制之規模雖凶灾而民不病則常時可以日舉樂耳若夫偶值凶年則雖有備而亦豈敢用樂乎

○自冢宰制國用至此明制國用之法

○天子七日而殯七月而葬諸侯五日而殯五月而葬大夫士庶人三日而殯三月而葬

鄭氏曰尊者舒卑者速春秋傳曰天子七月而葬同軌畢至諸侯五月同盟至大夫三月同位至士踰月外姻至孔氏曰天子諸侯位既尊重送終禮物多許其申遂故日月緩大夫士禮數既卑送終物少又職惟促遽義許奪情故日月促又孔氏左傳疏曰天子七月諸侯五月者死月葬月皆通數之也文八年八

書言㢲順之倒置朱筆乙之後抹去今据孔、左傳疏曰傳特云書之、日順也本未作文故今仍之

月天王崩九年二月葬襄王是天子之七月也成十八年八月公薨於路寢十二月葬吾君成公是諸侯之五月也諸侯五月而葬自是正禮不假發傳而葬成公之下傳特書言順者欲以包羣公之得失於莊見乱故而緩於僖見無故而緩於成見順禮傳發三者則其餘皆可知也士踰月通死月亦三月也士與大夫不異而別設文者以大夫與士名位既異变文以示等差其實月数同也愚謂葬月連数死月則殯日数死日可知五日而殯者死後間一日而小斂又間一日而殯也七日而殯者死後間二日而小斂又間二日而殯也餘說已見曲禮上

三年之喪自天子達

三年之喪為父父没為母為祖父後者為祖父母為長子雖天子諸侯之尊不絕不降也自期以下諸侯絕大夫降

庶人縣封葬不為雨止不封不樹（縣封上音懸下音窆彼念反為于偽反不封封如字）

鄭氏曰封當為窆懸窆者至卑不得引紼下棺雖雨猶葬以其禮儀少封謂聚土為墳不封之不樹之又為至卑無飾也周禮曰以爵等為之邱封之等與其樹数則士以上乃得封樹愚謂庶人葬不為雨止則自士以上皆為雨止矣春秋葬敬嬴及定公皆雨不克葬明日乃葬左氏以為禮穀梁以為非禮徐邈引士喪禮稾車載蓑笠謂人君之張設當周備非也稾車載蓑笠乃以死者之物載之䰟車非以備生人之用者也曾子問諸侯旅見天子雨則廢況於葬乎柩車重大天子執紼者千人諸侯五百人大夫三百人若冒雨而行其危甚矣惟庶人卑賤儀物既少而執紼之人送葬之賓不可以久稽其不為雨止盖不得已焉爾自大夫士以上儀物既多而其助葬者天子諸侯則皆

其臣子大夫士亦皆私臣公有司之屬而無患於不供何有冐雨而倉卒成禮且疑於以其親殆患乎

喪不貳事自天子達於庶人

王氏安石曰喪不貳事當連自天子達於庶人為句三年不貳事欲其一於喪事也金革無辟上使之非也或權制也愚謂舊以喪不貳事屬上庶人一節非也君薨百官總己以聽冢宰三年則天子諸侯固不貳事矣父母之喪三年不從政則大夫士亦不貳事矣非獨庶人也其人君既卒哭而從王事大夫士既練而從君事者乃權制也

喪從死者祭從生者

鄭氏曰從死者謂衣衾棺槨孔氏曰盧植云從生者謂除服後吉祭若喪祭仍從死者之爵故小記云士祔於大夫則易牲又

云其妻為大夫而卒而後其夫不為大夫而祔於其妻則不易牲又雜記云上大夫之虞也少牢卒哭成事祔皆大牢下大夫之虞也特牲卒哭成事祔皆少牢愚謂盧氏以祭為吉祭是也鄭氏以為喪祭顯與小記雜記相違孔疏既引盧氏之說而又謂子孫無官爵者用死者之禮生者有爵則從生者之法欲以曲伸註說果爾則父為大夫子為士喪祭用士禮父為大夫子為庶人喪禮反用大夫禮矣而可乎

[illegible]穆々々补文于此者首
一吾言以傚此三節[illegible]

支子不祭

說已見曲禮下

天子七廟三昭三穆與大祖之廟而七諸侯五廟二昭二穆與大祖之廟而五大夫三廟一昭一穆與大祖之廟而三士一廟庶人祭於寢昭常遙反又如字

三昭三穆四親廟與高祖之父高祖之祖也二昭二穆自高祖以下也大祖皆謂始受封之君也一昭一穆祖及禰也大祖別子始爵者也大夫有大祖廟謂大宗子為大夫者若非大宗子則無大祖而以曾祖偹三廟也士謂三等之士也若適士則立二廟曾子問疏云大宗子為士得立祖禰二廟是也庶人不得立廟其奉先之處謂之寢爾雅曰室有東西廂曰廟無東西廂有堂曰寢○劉歆曰德厚者流光德薄者流卑故自上以下降殺以兩天子七廟者其正法可常數者也宗不在此數中苟有功德則宗之不可預為設數故殷大甲為大宗大戊為中宗武丁為高宗周公為無逸之戒舉殷三宗以勸成王繇是言之宗無數也然則所以勸帝者之功德博矣朱子曰以諸侯之廟言之周禮建國之神位左宗廟則五廟皆在公宮之東南矣其制

則孫毓以為外為都宮大祖在北二昭二穆以次而南是也蓋大祖之廟始封之君居之昭之北廟二世之君居之穆之北廟三世之君居之昭之南廟四世之君居之穆之南廟五世之君居之廟皆南向各有門堂寢室而墻宇四周焉大祖之廟百世不遷自餘四廟則六世之後每易一世而一遷其遷之也新主祔於其班之南廟南廟之主遷於北廟北廟親盡則遷於大廟之夾室凡廟主在本廟之中皆東向及其祫於大廟之室中則惟大祖東向自如而為最尊之位羣昭之入於此者皆列於北墉下而南向羣穆之入乎此者皆列於南牖下而北向南向者取其向明故謂之昭北面者取其深遠故謂之穆蓋羣廟之列則左為昭右為穆祫祭之位則北為昭而南為穆也昭常為昭穆常為穆蓋二世祧則四世遷昭之北廟六世祔昭之南廟三

在礼衛集說引作其礼

世祧則五世遷穆之北廟七世祔穆之南廟則昭者祔則穆者不遷穆者祔則昭者不遷此所以祔必以班尸必以孫而子孫之列亦以為序若武王謂文王為穆考成王稱武王為昭考則自其始祔已然而春秋傳以管蔡郕霍為文之昭邘晉應韓為武之穆則雖其既遠而猶不易也宗廟但以左右為昭穆而不以昭穆為尊卑故五廟同為都宮則昭常在左穆常在右而外有以不失其序一世自為一廟則昭不見穆穆不見昭而內有以各全其尊必大祫而會于一室然後序其尊卑之次則凡已毀未毀之主又畢陳而無所易唯四時之祫則高祖有時而在穆在禮未有考焉意或如此則高之上無昭而特設位於祖之西禰之下無穆而特設位於曾之東也與然則天子之廟制若何曰唐之文祖虞之神宗商之三宗七世其詳今不可考獨周

祖誤擬奉似改

制猶有可言而漢儒之説已有不同矣謂后稷始封文武受命而王故三廟不毁與親廟而七者諸儒之説也謂三昭三穆與大宗(祖)而七文武為宗不在數中者劉歆之説也雖其數之不同然其位置遷次宜亦與諸侯之廟無甚異者但如諸儒之説則武王初有天下之時后稷為大祖而祖紺居昭之北廟大王居穆之北廟王季居昭之南廟文王居穆之南廟猶為五廟而已至成王時則祖紺祧王季遷而武王祔至康王時則大王祧文王遷而成王祔至昭王時則王季祧武王遷而康王祔自此以上亦皆且為五廟而祧者藏於大祖之廟至穆王時則文王親盡從祧而以有功當宗故別立一廟於西北而謂之文世室於是成王遷昭王祔而為六廟矣至共王時則武王親盡從遷而以有功當宗故別立一廟於東北而謂之武世室於是康王遷

說廟制要明
半作數段便

穆王祔而為七廟矣自是之後則穆之祧者藏於文世室昭之祧者藏於武世室而不復藏於大廟矣如劉歆之説周自武王克商即增立二廟於二昭二穆之上以祀高圉亞圉如前遞遷至懿王而始立文世室於三穆之上至孝王而始立武世室於三昭之上此為少不同耳前代説者多是劉歆愚亦意其或然也大夫三廟則視諸侯而殺其二然其大祖昭穆之位猶諸侯也適士其二廟則視大夫而殺其一官師一廟則視大夫而殺其二然則門堂寢室之制猶大夫也曰廟之降殺以兩而其制不降何也曰降也天子之山節藻梲複廟重檐大夫有不得為者矣諸侯之黝堊斲礱大夫有不得為者矣大夫之倉楹斲桷士又不得為矣獨門堂寢室之合然後可名為宮則其制有不得而殺耳蓋由命士以上父子皆異宮生異宮而死不異廟則有

不得盡其事生事存之心者是以不得而降也愚謂天子七廟鄭氏與王肅為二說鄭謂文武在七廟之中即韋元成諸儒之說也王謂文武在七廟之外即劉歆之說也周禮作於周公時有守祧八人姜嫄之外已有七廟而其後以文武受命親盡不祧則不止於七廟矣魯周公廟為大廟魯公廟為世室至成六年立武宮至定元六年立煬宮而桓僖之廟至哀公時尚未毀并四親廟而為十廟此雖魯之僭禮然必周有此禮而後魯僭之苟天子之廟止於七魯人雖僭必不踰周制而過之矣蓋報本追遠之意極乎始祖而止而王者更及乎始祖之所自出親廟蓋於服制之所及極乎高祖而止而王者更及乎高祖之父與祖蓋德厚流光自當如此如鄭氏之說則三代之初止祭五世與諸侯同既非降殺以兩之義且功德之祖其多少不可知令

七廟必以有功德者備數而功德之祖又必以二廟限之倘有功德者不止於二廟既無以處之倘不及二廟則七廟且不備矣而可乎大夫止於三廟士止於一廟而程子謂高祖有服不可不祭朱子謂最得祭祀之本意蓋以服制言之同高祖者為四緦麻出於高祖者有服則高祖必無不祭況皇元之受重於高曾者當為之服斬除喪之後可使不獲享一日之蒸嘗乎以宗法言之則自繼禰以上至於繼高祖為小四宗皆族人之所宗也族人之所以宗之者以其主高祖之下之祭也尊祖故敬宗祖遷於上宗易於下宗未易則祖未遷矣高曾之必有祭又何疑乎然則其祭也如之何曰就祖禰之廟而祭之也鄭引逸中霤禮祭五祀皆於廟廟以奉先而可以祭外神則廟主於祖禰而以之祭高曾又何不可之有然則何以別於諸侯之祭五

世者也曰諸侯三時皆祫大夫士雖祭高曽然猶而不祫則亦何患其上僭乎

天子諸侯宗廟之祭春曰礿夏曰禘秋曰嘗冬曰烝礿餘若反夏户嫁反禘大計反烝之承反

夏據注改

按孔疏于礿禘並引皇氏云三字宜在礿上禘[illegible]以免複

鄭氏曰此蓋夏殷之祭名周則改之春曰祠秋（夏）曰禴詩小雅曰禴祠烝嘗于公先王此周四時祭宗廟之名也孔氏曰礿薄也春物未成祭品鮮薄也禘者皇氏云禘者第也夏時物雖未成宜依時次第而進之嘗者白虎通云新穀熟而嘗之烝者衆也冬時物成者衆孫炎云烝進也進品物也愚謂周以天子有大禘之祭故改春夏秋冬祭名以辟之而諸侯祭名仍舊故魯春秋書嘗禘皆時祭也

天子祭天地諸侯祭社稷大夫祭五祀

鄭氏曰：社稷，后土及田正之神。賈氏公彥曰：鄭依孝經緯，社者五土之總神，句龍為后土之官，有功於民，死配社而食。稷是原隰之神，宜五穀，五穀不可遍舉，稷者五穀之長，立稷以表神名。棄為堯時稷官，主稼穡之事，有功於民，死配稷而食，名為田正也。愚謂社祭五土之總神，以后土配食；稷祭原隰之神，以后稷配食。大司徒辨五地之生物，曰山林，曰川澤，曰邱陵，曰墳衍，曰原隰。小宗伯祭山川邱陵墳衍，各因其方，而不言原隰，蓋原隰之神即稷也。五土皆生物以養人，而原隰宜五穀，其養人之功尤大，故其位獨配社，而建於路門外之左，於五土為獨尊也。

天子祭天下名山大川，五嶽視三公，四瀆視諸侯。諸侯祭名山大川之在其地者。天子諸侯祭因國之在其地而無主後者。

鄭氏曰：視，視其牲器之數。祭名山大川在其地，若魯人祭泰山

晋人祭河是也因國之在其地而無主後謂所因之國先王先
公有功德宜享世祀今絶無後為之祭主者愚謂視謂用其献
数及其俎簋籩豆之数也上公九獻侯伯七獻地祇不灌而以
瘞埋降神則視上公者七献視諸侯者五献以其無二灌故也
周禮職方氏九州皆有山鎮有川澤有浸爾雅梁山晋望也左
傳江漢睢漳楚之望也則名山大川不止於嶽瀆嶽瀆乃其尤
鉅者爾顧氏炎武曰天子諸侯祭因國之在地而無主後者左
傳子産對叔向曰遷閼伯於商邱主辰商人。山遷實沈於大
夏主參唐人是因齊晏子對景公曰昔爽鳩氏始居此地季萴
因之有逄伯陵因之蒲姑氏因之是也愚謂因國之先王先公
不必皆祭必其有功德而無主後者乃祭之爾相土封商邱因
閼伯故國故祀辰星是祭因國先公之事也

疑時但之誤

禘接注

特[illegible]字誤

天子犆礿祫禘祫嘗祫烝犆音特

犆特也春物未成其禮不盛特祖特祭一廟或祖或禰而不合食也祫合也夏秋冬物多禮盛則升羣廟之主而合食於大廟也○鄭氏曰天子諸侯之喪畢合先君之主於祖廟而祭之謂之祫後因以為常天子先祫而後時祭諸侯先〻祭而後祫凡祫之歲春一礿而已周改夏曰礿以禘為殷祭魯禮三年喪畢而祫於大祖明年春祫[禘]於羣廟自是之後五年而再殷祭一禘一祫也林氏之奇曰禘祫之說先儒聚訟久矣論年之先後則鄭康成高堂隆謂先三而後二徐邈謂先二而後三辨祭之大小則鄭康成謂祫大於禘王肅謂禘大於祫賈逵劉歆謂一祭二名禮無差降矛盾相攻卒無定論鄭氏之說曰魯禮三年喪畢而祫於大祖明年禘於羣廟自是以後五年而再殷祭一禘

一祫為之説者曰僖公薨文公即位二年秋八月大事于大廟大事大祫也是喪畢祫於大祖明年春禘雖無正文約僖八年宣八年皆有禘可知蓋以文公二年祫則知僖宣二年亦皆有祫僖宣二年有祫則明年是三年春禘六年秋祫是三年祫八年禘并前為五年禘也不知春秋時諸侯僭乱魯之祭祀皆妄舉也春秋常事不書其書者皆乱常悖禮之事僖公以三十三年冬十二月薨至文公二年喪制未畢未可以祫而祫一悪也躋僖公二悪也經無三年禘文何以知之徒約皆公宣公八年皆有〻禘而云愈繆矣況宣公八年經書有事於大廟則是常祭也而以為禘何耶禘祫之文不詳所可知者禘尊而祫卑矣禘者推始祖所自出之君而追祀之此天子之禮魯用之僭也若祫則天子諸侯皆有之至年數之久近祭時之先後則經無所

于字祖字據公羊改
衛集說引亦作祖

攄學者當闕所疑楊氏復曰祫祭有二曾子問曰祫祭於祖則迎四廟之主王制曰天子祫禘祫嘗祫烝此時祭之祫也公羊傳曰毁廟之主陳於大廟未毁廟之主皆升合食於大廟此大祫也漢儒混禘祫而并言之馬融言歲祫及壇墠禘及郊宗石室鄭康成謂祫則毁主未毁主合食於大廟禘則惟大王王季以上遷主祭於后稷之廟文武以下穆之遷主祭于文王之廟昭之遷主祭於武王之廟何休謂祫祭不及功臣而禘則功臣皆祭至禘祫年月經無其文惟公羊傳言五年而再殷祭大祫也三年一祫五年再祫猶天道三年一閏五年再閏也於禘祭何與漢儒乃據此以證禘祫相因之說鄭康成則曰三年而祫五年而禘徐邈則曰禘祫相去各三十月夫既混祫於禘皆以為合食於大祖則禘祫無別矣不知禘者禘其祖之所自出而

大據衛集說引改

據公羊文正

原本脫補去今據上文行

以其祖配不兼羣廟之主則禘與祫異夫祫兼羣廟之主則自太祖以下皆合祭於太祖又何壇墠與郊宗石室之分乎又何大王王季合食於后稷文武以下各祭於文武二祧之分乎祫祭則功臣皆與司勳謂祭於大烝是也誰謂祫祭功臣不與乎愚謂禘有大小祫亦有大小禘之大者惟天子得行之大傳曰不王不禘禘者禘其祖之所自出而以其祖配之是也其小者為夏祭天子則祫祭諸侯則一犆一祫者也大祫則天子諸侯皆有之公羊傳曰大事者大祫也毀廟之主陳於大廟未毀廟之主皆升合食於大廟五年而再殷祭是也其小者則三時之祭升羣廟之主合食於大廟而不及毀廟者也王制於禘則言夏祭而未及大禘于祫則言三時之祫而未及大也鄭氏乃以祫為大祫謂夏殷每歲三時皆大祫誤矣祫者合祭之名三時

之祫合羣廟之主而祭於大廟大祫合羣廟及遷廟之主而祭於大廟所祭有多寡而其為合祭則一也且禴禘烝嘗者祭名之異也曰犆曰祫者祭禮之別也犆禴者謂以犆祭而為禴也祫禘祫嘗祫烝者謂以祫祭而為禘嘗烝也天子則言祫於禘嘗烝之上諸侯則言祫於禘嘗烝之下記者文異非有義例也鄭氏乃以禴禘嘗烝皆為時祭之名離祫於禘嘗烝而二之謂天子言祫於上者先祫而後時祭諸侯之言祫於下者先時祭而後祫則尤繆之甚者祭不欲數一時之間既為祫祭又為犆祭豈其煩瀆若此祫禘祫嘗祫烝之文與犆禴一例若謂祫禘為祫而又禘亦可謂犆禴為犆而又禴乎無論其他於文義亦自不通矣至其據魯禮以推周禮之失則林氏之說固已詳矣蓋春秋所書魯禘皆夏祭之禘也鄭氏不知大禘不及羣廟又

不知春秋魯禘皆時祭而非大祭而據以推禘祫之歲月此其所以誤也魯之禘見於經者二閔二年吉禘於莊公僖八年禘於太廟是也經不言禘而傳以為禘者二昭十五年有事于武宮傳曰禘于武宮定八年從祀先公傳曰禘於僖公是也經所不書而見於傳者一昭二十五年傳禘於襄公是也經傳皆不言禘而以時推之可以知其為禘者一宣八年夏六月有事於大廟是也大禘祭始祖之所自出於大廟而閔二年昭十五年二十五年定八年之禘止祭羣廟此時祭之犆禘非大禘也禘大於祫經於文二年大祫書大事僖八年禘於大廟宣八年有事於大廟皆不言大此時祭之祫禘非大禘也且僖八年禘致夫人始以哀姜祔廟也祫禘莊公與焉故得祔哀姜大禘不及羣廟則禘致夫人之非大禘尤可見矣春秋於嘗烝皆不書所

祭之廟禘必書所祭之廟者嘗烝皆祫必於大廟可知禘有犆有祫故必别而書之於大廟者祫禘也於羣廟者犆禘也禮運曰魯之郊禘非禮也則天子大禘之禮魯蓋僭用之矣然不見於春秋之所書春秋常祭不書因事乃書也春秋所書魯禘皆時祭而非大祭則鄭所據以推禘祫之歲月者其說可不攻而破也○大禘大祫之說先儒聚訟其所論大約有四一曰二祭之大小二曰所祭之多寡三曰祭之年四曰祭之月然以大傳公羊傳及周司勳之所言考之則禘大祫小禘止於天子祫逮於諸侯禘惟祭始祖所出之帝而以始祖配之祫祭則合祭羣主而并及於功臣其義本自明白自鄭氏誤以大傳之禘為祭感生帝於是郊之說謬而禘之說亦晦禘之說晦而祫之說亦混至趙伯循始正之而朱子據之以釋論語自是禘祫之大小

元本主作祖

與其所祭之主皆坦然而無疑義矣若其祭之年月則祫祭五年再行公羊所謂五年而再殷祭也張統（純）謂禘以夏四月祫以冬十月此雖於經傳無明文然禘本夏祭而大禘因其名則禘必於夏行之可知也司勳有功者祭於大烝[illegible][illegible]謂之[illegible]烝則天子之大祫因冬烝行之也祭統言大嘗禘[illegible][illegible]於嘗禘中庸言禘嘗之義以嘗配禘而又謂之大嘗此[illegible][illegible]嘗必大祫之祭也是諸侯之大祫因秋嘗行之也諸侯大祫不於烝而於嘗辟天子之禮也大禘大祫皆因時祭之月大禘以夏大祫天子以秋諸侯以冬遇大祭之月則時祭不復舉祭不欲數故也惟大禘之年不可考然以祫祭五年再行推之亦必不每歲行之可知矣

諸侯礿則不禘禘則不嘗嘗則不烝烝則不礿

鄭氏曰虞夏之制諸侯歲朝廢一時祭孔氏曰南方諸侯夏來朝闕夏禘西方諸侯秋來朝廢嘗北方諸侯冬來朝廢烝東方諸侯春來朝廢礿愚謂一歲四祭上下之達禮也若諸侯降於天子止三祭豈大夫士又降於諸侯乎作是篇者本傳公羊春秋之學見春秋但書禘嘗烝而無春祭故於諸侯歲廢一時之祭而明堂位於魯祭亦但言夏礿秋嘗冬烝皆讀春秋而誤者也春秋所書魯祭皆譏也常祭得禮則不書非々々春祭亡舜典言羣后四朝謂四服分四年來朝虞夏諸亡周禮量人凡宰祭與鬱人受斝歷而遂飲之量々人作歷此必宗廟之祭有鬱鬯之灌者也天子諸侯之々々可使冢宰々々則諸侯朝覲亦必使上卿攝祭何以遂廢一時之祭乎

量人之遂作皆

天子之祭似不當有諸侯字

諸侯礿犆禘一犆一祫嘗祫烝祫

先生于律文音不全刊不必補

禘一犆一祫謂一歲犆祭一歲祫祭所以降于天子也若大夫
士四時皆犆又遠降於諸侯矣

天子社稷皆大牢諸侯社稷皆少牢 釋文大音泰少詩照反

天子之社所祭者畿内之地祇也諸侯之 百國内之地
祇也所載有廣狹故其禮有尊卑若天下之 外之祭
主之

大夫士宗廟之祭有田則祭無田則薦

無田謂失位而無田祿也薦猶献也鄭氏曰有田者既祭又薦
新祭以首時薦以仲月鄭氏曰士薦牲用特豚大夫以上用羔
所謂羔豚而祭百官皆足孔氏曰月令天子祭廟又有薦新故
月令四月以彘嘗麥先薦寢廟又士喪禮有薦新如朔奠大斂
小斂以特牲而云薦新是有田者既祭又薦新也士祭用特牲

荐宜貶降不用成牲故用特豚大夫祭用少牢荐則用羔也愚謂無田謂失位而無田禄也薦猶献也大戴禮天圓篇云無禄者稷饋稷饋者無尸無尸者厭也蓋祭有黍稷而薦則惟饋稷祭有尸而薦則無尸大畧如聘禮使者反釋奠之禮而已○鄭氏云祭以首時薦以仲月孔疏引晏子春秋云自天子至士皆祭以首時然周禮仲夏苗田献禽以享礿仲冬狩田献禽以享烝則人君祭以仲月矣孔氏謂周禮四仲祭因田[illegible]而献禽非正祭非也鄭豊卷將祭請田子産不許曰唯[illegible]獵較而孔子先簿正祭器是人君四時之田皆[illegible]非徒[illegible]田献禽也大夫士必助君祭乃可自祭家廟人君[illegible]祭或用仲月

下向則大夫士之祭有至於季月者矣

庶人春薦韭夏薦麥秋薦黍冬薦稻韭以卵麥以魚黍以豚稻以[illegible]

穀注作物

稻音盜　卵力管反

鄭氏曰庶人無常牲取與新穀相宜而已愚謂春穀未成而韭可食故詩言四之日其蚤獻羔祭韭麥夏熟〻〻秋熟稻冬熟〻春物未成而卵易得故韭以卵春祭名礿庶　亦視三時為薄其時然也夏不取魚鱉此魚謂乾魚也周　之行腒鱐冬行鱻羽鄭氏云腒鱐暵熱而乾魚鴈水落而肥　鱐即乾魚羽即鴈也故麥以魚稻以鴈庖人又云春行羔豚秋行犢麛鄭氏云羔豚物生而肥犢麛物成而充蓋羔豚犢麛于春秋時皆充肥但庶人不得用犢麛故黍以豚

祭天地之牛角繭栗宗廟之牛角握賓客之牛角尺釋文繭公典反握厄角反

鄭氏曰握謂長不出膚愚謂繭栗謂牛角初出若蚕繭栗寔然也祭天地之牲用犢貴誠之義也宗廟卑於天地故牛角握賓

客又卑於宗廟故牛角尺此禮之以小為貴者

諸侯無故不殺牛大夫無故不殺羊士無故不殺犬豕庶人無故不食珍

鄭氏曰故謂祭享愚謂諸侯朔食止少牢故無故不殺牛大夫朔食止特牲故無故不殺羊士朔食止特豚故無故不殺犬豕珍之物未詳膳夫云王珍用八物鄭氏以內則淳熬淳毋芛當之未知是否八十常珍珍為養老之物大夫士共皆得食之但未至八十則不得常食若庶人則無故不得之非祭祀享燕所用而曰無故不食珍者蓋見養于學物文王世子適饌省饌養老之珍具是也非是則不得食故曰無故不食珍

庶羞不踰牲燕衣不踰祭服寢不踰廟釋文燕伊見反

鄭氏曰祭以羊則不用牛肉為羞葉氏夢得曰庶羞常薦而已

牲嬻於偹物燕衣常用而踰祭服嬻於事神寢所常安而踰廟嬻於享親故禮皆不與愚謂註義固善然以下句例之則其義當從葉氏庶羞謂生人常食之羞饌牲祭牲也諸侯祭以大牢而無故不殺牛大夫祭以少牢而無故不殺羊所謂庶羞不踰牲也此三者皆言薄於自奉而厚於事先也○今天子七日而殯至此明天子以下喪葬祭祀之法

○古者公田藉而不稅釋文藉在亦反稅式贅反

鄭氏曰藉之言借也借民力治公田美惡取於此不稅民之所自治也孔氏曰一井之中凡有九夫中央一夫以為公田借八家之力以治公田美惡取於此而不稅民之私稅田愚謂此約公羊傳之文公羊傳曰初稅畝何以書譏何譏爾譏始履畝而稅也古者什一而藉蓋自稅畝之法行則藉而復稅矣○自此以

下至墓地不請皆陳古者之制也

市廛而不稅 釋文廛直連反

鄭氏曰廛市物邸舍也稅其舍不稅其物市貿易之所也

關譏而不征 釋文譏居宜反

鄭氏曰關界上之門譏譏異服識異言征亦稅也賈氏公彥曰王畿千里王城在中面有五百里界首面置三關則十二關愚謂左傳介偪之關疏云國之正法竟界之上乃有關齊於竟内更置關不與常禮同是關惟界上有之譏而不征謂譏察異言異服之人而不稅其貨物之往來者也

林麓川澤以時入而不禁 釋文麓音鹿

鄭氏曰麓山足也孔氏曰穀梁傳林屬於山為麓鄭注大司徒云竹木曰林注瀆曰川水鍾曰澤愚謂以時入者草木零落然

三厲字按周禮改

林當作川

後入山林獺祭魚然後虞人入澤梁是也不禁者與民共財而不障禁也○孟子曰市廛而不征法而不廛關譏而不征又曰文王之治岐也關市譏而不征澤梁無禁然考之周禮司市云凶荒札喪則市無征而作布司關云司貨賄之出入者掌其治禁與其征廛凡貨不出於關者舉其貨罰其人則關市有征山虞物為之厲而為之守禁澤虞掌國澤之政令為之厲禁則林麓林澤有禁大宰九職八曰關市之賦九曰山澤之賦大府關市之賦以待王之膳服山澤之賦以待喪紀與孟子不同蓋周禮所言者常法也文王治岐之政行於商紂苛虐之時所以救一時之急也朱子云關市譏而不征乃文王治岐時事周禮乃成周大備之時隨時制宜所以不同也戰國民困已甚故孟子亦欲以此法行之作記者本未見周禮其所言即本之孟子而

鄭氏以為殷法非也

夫圭田無征

百畝為夫圭潔也士虞記云孝子某圭為而哀薦之圭田在田
禄之外所以奉祭祀也孟子曰卿以下必有圭田圭田五十畝
井田之法九夫為井以中一夫為公田公家耕之而君取其一
夫之入若圭田則九夫之中其一夫為圭田者入於有圭田者
之家而國家不復征之也蓋自周末稅畝之法行圭田之所收
既入於卿大夫之家而國家又履畝而使八家出什一之稅故

陳古制如此

用民之力歲不過三日

孔氏曰用民之力謂使民治城郭道渠周禮均人云豐年旬用
三日中年旬用二日無年旬用一日年歲不同雖豐不得過三

日也

田里不粥墓地不請

鄭氏曰皆受於公民不得私也粥賣也請求也周禮註曰里邑居也○穀梁傳曰古者公田為居井竈葱韭皆取焉班固云以公田二十畝為廬舍趙氏孟子註云公田二十畝八家分之得二畝半以為廬舍城邑之居亦二畝半廬則各在其田中而邑則聚居也而彭山李氏非之謂公田中去二十畝止存八十畝則制禄之時當劃別井二十畝以足百畝之数失先王正經界之意而又以邑處農民亦有不便遠郊之外必使遠棄田疇徙入國邑人誰樂之所謂廬者蓋就田中苫少茅舍以為息勞守畝之所不占公田二畝半而適當其中農民所居必是平原另以五畝為一處取於便農功而已其說似是而實非也邑者人

之所聚處猶今之村落然小則十室大則千室或有城或無城自近郊以至於五百里之縣隨處有之遠郊之人則有遠郊之邑曷常便之棄田疇而徙於國中哉詩言中田有廬說文云廬寄也春夏居秋冬去月令孟夏令民勉作毋休於都則民自四之日舉趾以至於秋成皆處於廬且桑麻樹焉果蓏植焉車牛息焉田器藏焉禾稼納焉若苫少茅舍豈是以容哉且如季氏之說所謂苫少茅舍者亦不能不取於公田雖不占二畝半亦何能無妨於經畧乎蓋計地之法有虛數有實數孟子言耕者九一此於公田中并廬舍計之之虛数也又言貢助徹皆什一此於公田除廬舍計之之實数也計虛数則公田為百畝圭田為五十畝計實数則百畝者止為八十畝五十畝者止為四十畝初未嘗割他井以足之也〇自古者籍而不稅至此歷陳古

制蓋將言司空度地居民之事而以此發其端也

司空執度度地居民山川沮澤時四時量地遠近興事任力凡使民任老者之事食壯者之食度度上如字下大洛反沮將慮反任而鴆反食壯音嗣又如字舊以司空執度度地為句居民下屬今以司空執度為句度地居民為句

鄭氏曰司空冬官卿掌邦事者度丈尺也山川沮澤時四時觀寒煖燥濕沮謂萊沛量地遠近制邑居之處事謂築邑廬宿井也任老者之事食壯者之食寬其力饒其食孔氏曰司空執丈尺之度以居處於民觀山川高下之宜沮澤浸潤之處又當以時候此四時知其寒煖愚謂山川有陰陽向背之宜沮澤有水泉灌溉之利候四時以驗其氣候寒煖之異量遠近以定其廬井邑居之處此皆度地之事也度地既定然後興役事任民力而築為城郭宮室以居之任老者之事寬其功程食壯者之食

優其廩給此又承興事任力而言其寬恤之政也

凡居民材必因天地寒煖燥濕廣谷大川異制民生其間者異俗剛柔輕重遲速異齊五味異和器械異制衣服異宜修其教不易其俗齊其政不易其宜燥素老反異齊才細反和胡卧反下和味同

材謂材質寒煖者天之為燥濕者地之為居民者必各因天地寒煖燥濕之異視民材質之所宜而居之也廣谷大川異制者廣川大谷風氣間隔形勢懸殊背陽者寒向陽者煖居高者燥居下者濕若各自為制度然民生其間者異俗者所生之地不同而俗因之而異即下文異齊異和異制異宜是也剛輕速質之屬乎陽者也柔重遲質之屬乎陰者也齊分量也異味者謂酸苦辛鹹各有偏嗜故其調和不同若下文言不火食不粒食則異和之甚者也器謂用器械謂兵器異制若輪人行山者欲

作行澤者欲杼車八剛地利直庛音刺柔地利句庛及燕無函秦無廬胡無弓車之類衣服異宜者地寒則宜裘地煖則宜葛下文言被髮文身衣羽毛之等則異宜之甚者也教謂七教所以正民德政謂八政所以厚民生不易其俗不易其宜者俗各有所宜互言之也居之因其材治之隨其俗此聖人之政教所以不強民而民樂從大司徒因此五物者民之常而施十有二教焉亦此義也

中國戎夷五方之民皆有性也不可推移推吐雷反

鄭氏曰地氣使之然也愚謂中國謂綏服以内方三千里之地也戎七戎狄六狄也爾雅曰九夷八蠻七戎六狄謂之四海五方謂中國與夷蠻戎狄也不言夷蠻者文略也内舉中國外舉四海不及要荒者舉其俗之尤異者言之也性質也各有性若

北方剛勁南方柔弱是也此一節申上剛柔輕重遲速異齊之義也

東方曰夷被髮文身有不火食者矣南方曰蠻雕題交趾有不火食者矣西方曰戎被髮衣皮有不粒食者矣北方曰狄衣羽毛穴居有不粒食者矣中國夷蠻戎狄皆有安居和味宜服利用備器被皮義反雕本又作彫題大兮反趾音止衣於既反粒音立

鄭氏曰交趾足相鄉浴則同川卧則僢不火食地氣煖不爲害不粒食地氣寒少五穀其事雖異各自足孔氏曰文身謂以丹青文飾其身漢書地理志云越俗斷髮文身以避蛟龍之害故刻其肌以丹青涅之以東方南方俱近於海故俱文身雕刻也題額也謂以丹青雕刻其額趾足也蠻卧時頭鄉外而足鄉内相交故曰交趾西方無絲麻惟食禽獸故衣皮氣寒少五穀故

元本作定不誤

嘗疑常

不粒食東北方多鳥故衣羽正北多羊故衣毛凝寒至盛林木又少故穴居中國與夷蠻戎狄各有所安之居所和之味所宜之服所利之用所備之器其事雖異各自充足也風俗通云夷者觝也東方人好生萬物觝觸地而生蛮者慢也君臣同川而浴極為簡慢戎者兇也斬伐殺生不得其中狄者辟也其行邪辟范氏桂海虞衡志曰交趾與彫題並言則其人形必小異交州記云交趾之人出南海縣足節無骨身有毛卧者更扶始得起山海經亦言交脛國人交脛郭璞云脛脚曲戾相交故謂之交趾今安南地乃漢唐郡縣其人百骸與華無異或傳安南有播流山環數百里皆如鐵圍不可舉躋中有土田惟一竅可入而嘗自窒之人物詭怪不與外通疑此是古交趾地愚謂交趾之說註疏殊不明范氏以為其形必有異是也然交趾地甚廣

而欲以一山當之可乎蓋古時交趾之人其足趾必與華不同故以此為名其後漸染華風與中國通婚嫁故形體遂变此乃事理之常不足怪也用器用也器戎器也此一節申上五味異三句之義也

五方之民言語不通嗜欲不同達其志通其欲東方曰寄南曰方象西方曰狄鞮北方曰譯鞮丁兮反譯音亦

鄭氏曰皆俗間之名依其事類耳鞮之言知也今冀部有言狄鞮者孔氏曰五方水土各異故言語不通好惡殊别故嗜欲不同帝王立此傳語之人曉達五方之志通達五方之欲寄謂傳寄内外言語象謂放象内外之言鞮知也言傳通夷狄之語與中國相知譯陳也謂陳說内外之言愚謂此四者周禮總謂之象胥故鄭氏以此為俗間之名周禮有鞮鞻氏掌四夷之舞狄

覲蓋亦以其服名之與

凡居民量地以制邑度地以居民地邑民居必參相得也無曠土無游民食節事時民咸安其居樂事勸功尊君親上然後興學度大洛反參七南反樂音洛

量地以制邑者地之形勢廣狹不同地廣者制其邑居宜大地狹者制其邑居宜小也度地以居民者地廣則可耕之田多其居民宜多地狹則可耕之田少其居民宜寡也民多則邑宜大民少則邑宜小地也邑也民居也三者大小衆寡必皆相稱則民足以耕其地而無曠土地足以任其民而無游民限之以禮制故食有其節使之以農隙故事得其時如此則民皆有以自遂其生而得以安居而樂業是以民氣和樂興於禮義而尊君親上之心油然而生也於是乃興學校以教之蓋自司空度地至此皆言居四民授田里之事所以養民也養民之道備而後

可以施教故下文承此而詳言立學之事

○司徒修六禮以節民性明七教以興民德齊八政以防淫一道德以同俗養耆老以致孝恤孤獨以逮不足上賢以崇德簡不肖以絀惡

防本又作坊音同逮音代又大計反絀勑律反

鄭氏曰司徒地官卿掌邦教者逮及也簡差擇也徐氏曰此承上章興學而言司徒掌六鄉之政教以民氣質之性有過不及也於是修六禮以節之使賢者俯而就不肖者企而及焉以人倫之德由物欲而薄也於是明七教以興之感發其良心鼓舞其德行焉恐其溺於欲則齊八政以防之使知禁戒而不敢放肆恐其入於邪則一道德以同之使學術歸一而不敢異向教法之詳如此而其所以為教皆以身先之老吾老以為孝又合鄉之耆老而養之推致吾心之孝使之興孝也幼吾幼以為慈

又合鄉之孤獨而恤之逮及人之不足而使之不倍也身教既至又恐資稟有厚薄覩感有淺深不可無勸懲故率教者上升之以崇其德所以示勸也叛教者簡去之以絀其惡所以示懲也詳見下文

命鄉簡不帥教者以告耆老皆朝於庠元日習射上功習鄉上齒大司徒率國之俊士與執事焉帥音率朝直遥反與音預

鄭氏曰帥循也不帥教謂教狠不孝弟者司徒使鄉簡擇以告者鄉屬司徒也耆老致仕及鄉中老賢者朝猶會也皆朝於庠將習禮以化之使觀之也此庠謂鄉學也鄉鄉飲也鄉禮春秋射國蜡而飲酒養老孔氏曰司徒命鄉中耆老皆聚會於鄉學之庠乃擇善日為不帥教之人習鄉射之禮中者在上故曰尚功又習鄉飲酒之禮老者居上故曰上齒欲使不帥教之人觀

其上功自勵為功覩其上齒則知尊長敬老大司徒帥領國之英俊之士與執其事使俊士與之以為榮惡者慕之而自勵愚謂習射習鄉蓋用州長習射黨正正齒位之禮然州長習射以春秋而在州之序黨正正齒位以蜡祭而在黨之序此則為不帥教者特舉之而皆在鄉學又司徒帥國之俊士皆與焉皆異於尋常習射飲酒之禮者也國之俊士由鄉學而升於國學者今還使執事於鄉學之中也蓋範之以進退揖讓之儀閑之以志正體直之德示之以長幼之節艷之以俊髦之榮所以誘掖而激勸之者至矣

不變命國之右鄉簡不帥教者移之左命國之左鄉簡不帥教者移之右如初禮不變移之郊如初禮不變移之遂如初禮不變屏之遠方終身不齒

鄭氏曰中年考校而又不變使轉徙其居覬其見新人有所化
也亦復習禮於鄉學使之觀焉郊鄉界之外者也稍出遠之後
中年又為之習禮於郊學遠郊之外曰遂遂大夫掌之又中年
復移之使居遂又為習禮於遂之學遠方九州之外齒猶錄也
陳氏澔曰左右對移易其藏修游息之所新其師友講習之功
庶幾其化也愚謂左鄉右鄉者王有六鄉國之左右各有三鄉
也移左移右欲新其耳目以化之也如初禮如初之習射習鄉
六郊疑當作六鄉
之禮也郊謂郊內六鄉之餘地蓋六郊之地在郊然郊內之地
四同非六鄉所能盡故其在鄉界之外者亦如六遂之有公邑
設吏治民而立學焉小司徒大比六鄉四郊之吏言六鄉而又
言四郊即與此郊一也遠郊之外曰遂遂大夫掌之上云簡不
帥教者謂初入學時也初不變謂三年考校時再不變謂五年

考校時三不變謂七年考校時四不變謂九年考校時蓋至此而不變則其人爲終不可化矣然後屏之遠方終身不齒遠方謂要荒也此鄉學絀惡之法也

命鄉論秀士升之司徒曰選士司徒論選士之秀者而升之學曰俊士升於司徒者不征於鄉升於學者不征於司徒曰造士選宣練反造才早反下造皆同

鄭氏曰升於司徒移名於司徒也秀士鄉大夫所考有德行道藝者學大學不征不給其徭役造成也孔氏曰升於司徒謂錄名進在司徒其身猶在鄉學升于學謂身升於大學非惟升名而已愚謂俊美也千人謂之俊選士俊士皆鄉大夫所賓之賢者能者也升于司徒此留於鄉學而將即官之者也升于學此才之可以大就升于國學而復教之者也選士不征於鄉而免於一鄉之繇役俊士不征於司徒而免於一國之繇役蓋選士

俊士二者皆謂之造士謂其學業有成故免其繇役以優異之鄉大夫征役之所舍者有六而賢者能者與焉是也此鄉學崇德之法也

樂正崇四術立四教順先王詩書禮樂以造士春秋教以禮樂冬夏教以詩書王大子王子羣后之大子卿大夫元士之適子國之俊選皆造焉凡入學以齒適丁歷反

鄭氏曰樂正樂官之長掌國子之教崇高也高尚其術以作教也幼者教之於小學長者教之於大學尚書傳曰年十五始入小學十八入大學春夏陽也詩樂者聲聲亦陽也秋冬陰也書禮者事事亦陰也互言之者皆以其術相成王子王之庶子也羣后公及諸侯皆造焉皆以四術成之入學以齒皆以長幼受業不用尊卑孔氏曰術是道路之名詩書禮樂是先王之道路

春秋字依疏互易

春秋教以禮樂則春教禮秋教樂冬夏教以詩書則冬教書夏教詩文王世子云秋學禮冬讀書與此同若云春夏教以樂詩秋冬教以書禮則是春夏但教樂詩不教禮書秋冬但教禮書不教樂詩今交互言之明四術不可暫時而闕但視其陰陽以為偏主耳長幼受學雖王大子亦然故文王世子云將君我而與我齒讓何也是其事也愚謂大樂正於周禮為大司樂大司樂掌成均之政乃大學教人之事也以其為人所共由則曰四術以其為教於學則曰四教俊選即俊士也俊士由選士而升故謂之俊選○孔子曰成於樂大學之教以樂為終故虞以典樂教胄子周以司樂掌成均唐虞時詩書未興禮亦未備故舜命夔以教胄但言和聲作樂之事至周以詩書禮樂並列為四教然大司樂之職但言教樂之事而他未有及焉以文王世子

考之則教樂者為大樂正小樂正胥之屬教詩者為大師教禮為執禮者教書為典書者而總其教者大司成也蓋大司樂之職曰掌成均之法以治建國之學政而合國之子弟焉凡有道者有德者使教焉死則以為樂祖祭於瞽宗以樂德教國子以樂語教國子以樂舞教國子是大司樂所掌者乃國學之政至於教人則惟樂舞乃其專職而教詩者為其屬之大師而別使公卿之有道德者入教於學以總其事所謂大司成也又別使他官之習於書禮者以名司其教所謂執禮典書者也大司成與執典禮書之人無定人無專職但有道德而精於其業者則充之故其職掌不見於周官也大司成以道德為師而使掌其政令之煩則非所以尊師而重道而四術之教惟樂為尤深其聲容舞蹈審音識微非專其業者不能精而亦非一人所能盡

故使樂官之長率其屬以掌學政而專司教〔樂〕之事焉此先王設官之精意也詩書禮樂鄉學國學皆以此爲教但教於國學者爲尤備耳

將出學小胥大胥小樂正簡不帥教者以告於大樂正大樂正以告於王王命三公九卿大夫元士皆入學不變王親視學不變王三日不舉屏之遠方西方曰棘東方曰寄終身不齒胥息餘反又思呂反屏必郢反棘音僰周氏如字

此國學糾惡之法也大胥小胥大樂正之屬小樂正於周禮爲樂師大樂正之貳也樂師掌國學之政大胥掌學士之版小胥掌學士之徵令鄭氏曰出學謂九年大成學止也此所簡者謂王大子王子羣后之大子卿大夫元士之適子王命公卿以下入學亦謂使習禮以化之不變王又親爲之臨視重棄賢者子孫不舉去樂食重棄人也方氏曰棘當作僰僰之言偪使之偪

去樂食注作去食樂寄于東夷注作寄于東戎似並當從注

賤者以下考衛集說作禮書非方氏說也宜改陳氏祥道曰五字而删下陳氏謂三字

寄於夷狄賤者至於四不變然後屛之貴者至於二不變遂屛之者陳氏謂先王以衆庶之家為易治世禄之家為難化以其易治也故鄉遂之所考常在三年大比之時以其難化也故國子之出學常在九年大成之後以三年之近而考焉故必四不變而後屛之以九年之遠而簡焉則雖二不變屛之可也周氏謂曰棘急也示其雖屛之欲急於悔過寄者寓也示其雖屛之特寓於此耳愚謂遠方亦謂要荒也棘之義未詳鄭氏周氏之說未知孰是前言屛之遠方不云棘寄與此文詳畧互見耳陳氏謂世族之親與庶人踈賤者異非也不言南北者文畧也鄭氏云不屛於南北者為其太遠孔氏云漢書地理志南北萬三千里東西九千里亦非也三代時百粵未開南北不遠於東西也

方氏慤曰

諸曰

大樂正論造士之秀者以告於王而升諸司馬曰進士

受當依注有進字

進當作造

鄭氏曰：升諸司馬，移名於司馬。司馬，夏官卿，掌邦政者。進士，可受爵祿也。愚謂此國學崇德之事也。造士，謂國子及庶民之俊士。前云秀士，謂秀出於鄉學之中者也。進士之秀，謂秀出於國學之中者也。司馬之屬有司士，掌羣臣之版，以德詔爵，以功詔祿。升諸司馬，移名於司馬，而將官之也。進士，言其可進於王朝也。

司馬辨論官材，論進士之賢者以告於王，而定其論。論定然後官之，任官然後爵之，位定然後祿之。

鄭氏曰：辨其論，官其材，觀其所長，定其論，各署其所長，官之，使之試守，爵之，命之。孔氏曰：大樂正論造士之秀者以告於王，王以樂正所論之狀授與司馬，司馬得此所論之狀，更辨論之，觀其材能高下，堪任何官，故曰官材。司馬又論進士之賢者以告於王，而正定其論，各署其所長，若長於禮者，署擬於禮官，長於樂者署擬於樂官之試之以所能之官也愚謂自論定後官以下其義與前官民材同但官民材則用為鄉遂之官此官進士之賢者則用為王朝之官也○劉氏敞曰古者鄉學教庶人國學教國子鄉學所升曰選士不過用為鄉遂之吏而選用之權在司徒國學所升曰進士則命為朝廷之官而爵禄之權在司馬此鄉學國學教選之異所以為世家編户之别也然庶人之仕進亦有二途可為選士者司徒試用之一也升於國學則論選之法與國子同二也愚謂前云官民材此鄉人之出於鄉學而官之者也此論進士之賢者則國子與鄉所升之俊士出於國學而官之者也蓋鄉之賢能鄉大夫考而興之上其名於司徒固可由此而入仕矣其有材質秀異而不安於小成者則司徒論而升之於學至九年學成乃升於司馬而官之其出於

鄉而即官之者雖仕進稍速而不過為民材之秀者止為鄉遂之吏升於國學而後官之者雖仕進稍緩然選用之法與國子等而公卿大夫或亦出乎其間矣○自司徒脩六禮以下至此言教民之事

大夫廢其事終身不仕死以士禮葬之

鄭氏曰以其不任大夫也孔氏曰致仕而退死得以大夫禮葬吴氏澄曰此因上文任官而後爵之之言因及不任其官則黜爵之事

有發則命大司徒教士以車甲

鄭氏曰有發謂有軍師發卒教士以車甲教以乘兵車衣甲之儀方氏慤曰司徒掌教司馬掌政是分職而辨之也造士則司馬辨論官材有發則司徒教士以車甲是聯事而通之也

凡執技論力適四方蠃股肱決射御技其綺反本或作伎蠃本又作倮力果反肱古宏反

此因上教士以車甲而因言執技論力之事也執技論力若虎賁氏之虎士是也以其無道德而惟論勇力故有事則使之之適四方蠃露股肱決射御之勝負蓋雖不得與俊造同科亦國家器使之所不遺也

凡執技以事上者祝史射御醫卜及百工凡執技以事上者不貳事不移官出鄉不與士齒仕於家者出鄉不與士齒

鄭氏曰不貳事不移官欲專其事亦為不德出鄉不與士齒賤也於其鄉中則齒親親也此又因上文言執技論力而備陳執技之人也執技之人凡七祝一史二射三御四醫五卜六百工七射御上文已見而重言之者因五者而並列之也此皆謂執技之賤人非周禮大祝大史射人大馭醫師大卜等之官也不

貳事者欲其專精於所業不移官者不欲強試之以其所不能齒謂列年齒為坐次也出鄉不與士齒者德成而上藝成而下在鄉黨宗族之中有不以貴賤計者若出鄉則不得與士齒賤之也陪臣亦賤故亦出鄉不與士齒因其類而并言之也○自司馬辨論官材至此明官人之事

卷十四

五月廿二日錫鬯校過

禮記卷十四

王制第五之三

瑞安孫希旦集解

司寇正刑明辟以聽獄訟必三刺有旨無簡不聽附從輕赦從重辟婢亦反刺七智反

鄭氏曰司寇秋官卿掌刑者辟罪也三刺以求民情斷其獄訟之中一曰訊羣臣二曰訊羣吏三曰訊萬民簡誠也有其意無其誠者不論以為罪附施刑也附從輕求出之使從輕赦從重雖是罪可重猶赦之孔氏曰司寇正刑明辟者謂當正定刑書明斷罪法使刑不差二法不傾邪以聽天下獄訟刑法宜慎不可專制故必須三刺以求民情刺殺也謂欲殺犯罪之人三問之也三刺雖以殺為本其被刑不殺者亦當問之求民情既得其所犯之罪雖有旨意無誠實之狀則不聽之不論以為罪也

附從輕者謂施刑之時此人所犯之罪在可輕可重之間則當求其可輕之罪而附之則罪疑惟輕是也赦從重者謂所犯之罪本非故為而入重罪令放赦之時從重罪之上而赦之謂其意輕故也書云眚災肆赦是也愚謂刺殺也春秋公子買戍衛不卒戍刺之附從輕者謂罪之疑於輕重者則從其輕罪而附之也赦從重者謂罪之當赦者雖重猶赦之也或曰二句止是一事謂罪可輕可重則從輕罪而附之從重罪而赦之其義亦通

凡制五刑必即天論郵罰麗於事郵音尤○鄭註即〻或為則論或為倫

鄭氏曰制斷也即就也必即天作言與天意合郵過也麗附也過人罰人當各附於其事不可假他以喜怒孔氏曰制五刑之時必就上天之意論議輕重郵謂斷人罪過罰謂責罰其身皆依附於所犯之事不可離其本事別假他事以為喜怒愚謂天

者理而已矣五刑皆天討故其出入輕重必就天理以論之而不可與以私意也五刑不簡正於五罰五罰不服正於五過鄙罰雖輕於五刑亦必附於事以求當其實罪也

凡聽五刑之訟必原父子之親立君臣之義以權之意論輕重之序慎測淺深之量以別之悉其聰明致其忠愛以盡之疑獄汜與衆共之衆疑赦之必察大小之比以成之量音亮別彼列反汜本又作汎孚劍反比必利反

鄭氏曰權平也意思念也淺深謂俱有罪本心有善惡盡盡其情小大猶輕重已行故事曰比愚謂意論若書言要囚伏念至五六日至于旬時丕蔽要囚也父子有親君臣有義人倫之大者也原之者所以本其不得已之情立之者所以嚴其不可犯之分事之輕重各有次序意論之以審其上下之服情之淺深各有分量慎測之以辨其故過之分權乎父子君臣者衷之於

倫常以觀之於其大別乎輕重淺深者察之於情事以析之於其微也悉其聰明則所謂忠愛者不至於過厚而失之愚致其忠愛則所謂聰明者不至於過察而傷於刻如是則本末兼該明恕交盡而所聽之訟亦庶乎能盡其情矣氾廣也獄疑則廣詢之於衆衆疑則赦之呂刑所謂五刑之疑有赦五罰之疑有赦也小大謂輕重也比附也呂刑所謂上下比罪是也成猶定也即下文所謂獄之成也此謂罪之無疑者其或輕或重必察其所當附之罪以定其獄也

成獄辭史以獄成告於正正聽之正以獄成告於大司寇大司寇聽之棘木之下大司寇以獄之成告於王王命三公參聽之三公以獄之成告於王王三又然後制刑

釋文又義作宥
此音宜補

鄭氏曰史司寇吏也正於周鄉師之屬周禮鄉師之屬辨其獄

疏各作辟一

訟異其死刑之罪而要之職聽於朝司寇聽之朝王之外朝也左九棘孤卿大夫位焉右九棘公侯伯子男位焉面三槐三公位焉王命三公參聽之王使三公復與司寇及正共平之重刑也周禮王欲免之乃命公會其期又當作宥寬也一宥曰不識再宥曰過失三宥曰遺忘孔氏曰成獄辭謂獄吏初責覈罪人之辭已正定也按周禮鄉師屬地官不掌獄訟而云鄉師者鄉謂鄉士也師謂士師也云之屬者謂遂士縣士方士之屬周禮鄉士掌六鄉之獄若欲免之則王會其期遂士掌六遂之獄若欲免之則王命三公會其期縣士掌野獄若欲免之則王命六卿會其期經云王命三公舉中以見上下則六卿王自會之縣野六卿會之愚謂王三又然後制刑王命以三事宥之其不在三事然後斷其刑也

侀字小注據文淵補

凡作刑罰輕無赦

鄭氏曰法雖輕不赦之為人易犯孔氏曰此非疑獄故雖輕不赦若輕者輒赦則犯者衆也故書云刑故無小

刑者侀也侀者成也一成而不可變故君子盡心焉侀音刑

孔氏曰刑是刑罰侀是侀體訓刑罰為形體言刑罰加人侀體也侀體是人成就形貌一成之後若以刀鋸鑿之斷者不可續死者不可生故云不可変故君子盡心以聽刑則上云悉其聰明致其忠愛是也陳氏祥道曰無赦則民不至於犯罪盡心則吏不至於濫刑有無赦之法以迷方未然之前有盡心之法以應於已然之後此民之所以畏罪而親上也

析言破律亂名改作執左道以亂政殺析思歷反

鄭氏曰析言破律巧賣法令者也亂名改作謂變易官與物之

名更造法度左道若巫蠱及俗禁孔氏曰左道謂邪道地道尊
右右為貴故正道為右不正道為左愚謂言如史載言之言謂
國家之舊典故事也律法令也析破謂以巧說分散破壞其義
也名如黃帝正名百物之名名所以指實亂名則失實矣改作
變易法度也左道若楊墨申韓之類五者皆足以亂政也故[illegible]
辭擅作名以亂正名使民疑惑民多辯訟謂之大姦其罪猶為
符節度量之罪也

作淫聲異服奇技奇器以疑衆殺

鄭氏曰淫聲鄭衛之屬也異服若聚鷸冠瑰弁也奇技奇器若
公輸般請以機窆

偽而堅言偽而辯學非而博順非而澤以疑衆殺行下孟反

鄭氏曰皆謂虛華捷給無誠者也愚謂行詐偽之事而守之堅

固則持之而難变為詐偽之言而辞理明辨則攻之而難破習學非違之書而見聞廣博則可以誑聞動衆順從非違之事而文飾光澤則足以拒諫飾非此心術之邪學術之僻而其才又足以濟其姦者後世若宋之王安石蓋如此

假於鬼神時日卜筮以疑衆殺

鄭氏曰今時持喪葬築蓋嫁取卜数文書使民倍禮違制孔氏曰謂妄陳邪術恐惧於人假託吉凶以求財利馬氏晞孟曰卜筮者先王所以使民信時日畏法令而不以正吉則謂之假

此四誅者不以聽

鄭氏曰為其罪大而辞不可習愚謂四誅謂上所言乱政者一疑衆者三聽即上文正聽之司寇聽之三公聽之是也不以聽者為其罪大而情出於故故誅之不疑而不復聽也

罪大注作為害大似勝

元本出上有必字

以更造法度左道若巫蠱及俗禁孔氏曰左道謂邪道地道尊

此二卷本与祭義本合訂前日因格紙不足故此卷折下以挾
先生須隨手將此卷附訂在祭義本的面庶免脫落可也
也名文貞希之

言謂
其義
改作

變易去變也左道若楊墨申韓之類五者皆足以亂政也故之
故析辭以下原係滑企未注以下行內下今入此節末宜添
又此此係前之正名義之
辭擅作名以亂正名使民疑惑民多辨訟謂之大姦其罪猶然
符節度量之罪也

作淫聲異服奇技奇器以疑衆殺
鄭氏曰淫聲鄭衛之屬也異服若聚鷸冠瓌弁也奇技奇器若
公輸般請以機窆

偽而堅言偽而辨學非而博順非而澤以疑衆殺 行下孟反
鄭氏曰皆謂虛華捷給無誠者也愚謂行詐偽之事而守之堅

凡執禁以齊衆不赦過

鄭氏曰亦為人将易犯愚謂周禮士師掌五禁之法以左右刑罰一曰宫禁二曰官禁三曰國禁四曰野禁五曰軍禁下文關市之禁蓋舉國禁畧言之也過謂過誤刑於過者有赦而禁不赦過者蓋刑之所懲者重禁之所治者輕故不論其過故而防於必行然後約束嚴而人不敢輕犯也

[illegible]

有圭璧金璋不粥於市命服命車不粥於市宗廟之器不粥於市犧牲不粥於市戎器不粥於市粥並音育

孔氏曰此皆尊貴之物非民所宜有防民之僭偽也金璋即考工記金飾璋也皇氏以為用金為印章按定本璋字從玉圭璧之類且周時稱印曰璽未有稱章皇氏之義非也愚謂金飾璋者考工記大璋中璋邊璋之屬皆黄金勺青金外是也戎器予

戟之屬周禮縣師若將有軍旅會同田役之事則受法于司馬以作其衆庶及馬牛車輦會其車人之卒伍使皆備旗鼓兵器以帥而至則兵車戎器乃民間所有此云戎器不粥於市又云車兵不中度不粥於市則是兵車民間所具司馬法所謂甸出長轂一乘而兵器則由官給而藏之民與

職周礼注作職毛本誤作和氏
刊本本疏皆誤作人

用器不中度不粥於市兵車不中度不粥於市布帛精麤不中數幅廣狹不中量不粥於市姦色乱正色不粥於市（中並竹 卅）

鄭氏曰凡以其不可用也用器弓矢耒耜飲食器也度丈尺也數升數多少孔氏曰此經之物其合法度則得粥之不合法度者不得粥也布帛精麤者若朝服之布十五升斬衰三升齊衰四升之類廣狹者布廣二尺二寸帛則未聞鄭註周禮引逸巡守禮幅廣四只八寸為只鄭謂四當為三則帛廣二尺四寸愚

謂姦色不正之色若紅紫之屬也

錦文珠玉成器不粥於市衣服飲食不粥於市

鄭氏曰不示民以奢與貪也成善也孔氏曰前經言圭璧金璋是貴者之器非民所宜有此錦文珠玉等是華麗之物富人合有但不得聚之過多故不粥於市此衣服飲食與錦文珠玉等文據華美者不得粥之若尋常飲食則得粥之錦文衣服[illegible]粥不示民以奢飲食不粥不示民以貪

五穀不時果實未熟不粥於市

鄭氏曰物未成不利人

、不中伐不粥禽獸魚鼈不中殺不粥於市

鄭氏曰伐之非時不中用周禮仲冬斬陽木仲夏斬陰木殺之非時不中用周禮春獻鱉蜃愚謂木不中伐謂小而未成材不

中殺亦謂小也毛詩傳言田獵之禮不成禽不献先王之制焉不滿尺市不得粥人不得食○陳氏澔曰此所禁凡十有四事皆所以齊其衆而使風俗之同也

關執禁以譏禁異服識異言

司關掌貨賄之出入以聯門市故執上之所禁以譏察其違禁者又於身著異服者則禁之於口為異言者則辨識之防奸偽察非違也劉氏曰衣服易見故直曰禁語言難知故必了識○自司寇正刑明辟至此明刑禁之法

○大史典禮執簡記奉諱惡天子齊戒受諫惡烏路反齊側皆反本亦作齋下皆同

鄭氏曰簡記策書也諱先王名惡忌日若子卯孔氏曰大史之官典掌禮事執此簡記策書奉其諱惡之事奉進也諱謂先王之名禮運天子適諸侯必以禮籍入鄭注云謂大史執簡記奉

諱惡是亦諱諸侯之祖父也惡謂忌日及子卯亦兼謂餘事故
誦訓云掌道方慝以詔辟忌鄭註云方慝四方言語所惡是也
愚謂簡記簡策所記也惡若日月食四鎮五嶽崩大傀異烖大
札大凶大烖大臣死諸侯薨國之大憂之類皆是也左傳襄二
十八年裨竈曰歲棄其次而旅於明年之次以害鳥帑周楚惡
之昭七年晋侯問於士文伯曰誰當日食對曰魯衛惡之
之事書在簡記故大史指〔於〕歲終之時執此簡記奉一歲中諱惡
之事以告於天子使天子於諱而辟之於所惡而戒懼脩省王
則齊戒以受大史之所諫也蓋上文言制田里興學校舉賢才
明法禁則為治之道備矣故此下二節遂言歲終受成之言也
司會以歲之成質於天子冢宰齊戒受質大樂正大司寇市三官以
其成從質於天子大司徒大司馬大司空齊戒受質百官各以其成

質於三官大司徒大司馬大司空以百官之成質於天子百官齊戒受質然後休老勞農成歲事制國用〔會古外反 勞力報反〕

鄭氏曰司會冢宰之屬也計要也質平也平其計要冢宰齊戒受質贊王受之也大司樂於周宗伯之屬市司市也於周司徒之屬從從於司會也百官大司徒三官之屬也百官齊戒受質受平報也孔氏曰司會總主羣官治要故以一歲治要之成質於天子謂奏上文簿聽天子平斷之冢宰貳王治事故齊戒者王也受羣官所平之事謂共王論定也以周法言之司會總主羣官簿書則司徒司馬司空簿書亦司會掌之所以司徒司馬司空各質於天子不由司會唯大樂正大司寇市三官從司會質於天子者以三官當司事必徑從司會以質於王司徒司馬司空總主萬民其事既大雖司會進其治要仍須各受質屬官親自

質於天子百官齊戒受質者天子平斷報下百官齊戒受天子所平之要也愚謂周禮歲終六官之長各攷其屬司會総主百官之歲會小宰賛冢宰受而攷焉大樂正市於周禮則大宗伯大司徒之屬今乃不致於其長而逕達於司會大司寇六卿之一而與大樂正市並列春官不見其長而但言大樂正皆與周禮不合此蓋漢初未見周禮及古文尚書周官之篇但用諸以冢宰司會考羣吏之治又見今文尚書牧誓立政皆止有司徒司馬司空三卿故欲立為制如此其言大樂正大司寇市則以上文言興學聽刑及市之所禁而特舉之也謂於蜡祭而行正齒位之禮以休老大勞農也成歲事謂聽歲終所致之事而廢置也周禮大宰歲終令百官府各正其治受其會凡周禮言正歲歲終者皆夏正也又上文云冢宰制國用必於歲之杪然

則蜡祭飲酒在夏正十二月明矣

凡養老

孔氏曰皇氏云人君養老有四種一是養三老五更二是死國難者父祖三是致仕之老四是引户校年養庶人之老熊氏云天子視學之年養老一歲有七謂四時皆養老故鄭此註凡飲養陽氣凡食養陰氣陽用春夏陰用秋冬是四時凡四按文王世子云凡大合樂必遂養老註云大合樂謂春入學舍菜合舞秋頒學合聲通前為六又季春大合樂天子視學亦養老是總為七也陳氏祥道曰天子之於老所養三國老也庶老也死政者之老也歲養之也三仲春也季春也仲秋也文王世子云凡大合樂必遂養老鄭謂春合舞秋合聲此養老於仲春仲秋者也月令季春之末大合樂天子親往視之亦必養老此養老於季

按陳氏禮書原作養
老五禮通考…

春者也若夫簡不帥教出征受成以訊馘告凡天子入學莫不養老此又不在歲養之數者也三老五更乃羣老之尤者致仕之老固在其間皇氏離而二之誤矣月令無冬夏養老之文周禮禮記特言春饗秋食而已熊氏謂歲養有七亦誤矣愚謂陳氏駁皇氏熊氏之説是也而其言入學必養老則本孔疏之説其實文王世子止言大合樂必遂養老無視學必養老之文大合樂必養老則非大合樂雖視學固未必養老矣又周禮大胥止言春合舞秋合聲若季春大合樂惟見於月令則周法未必有此然則先王養老惟仲春仲秋二時而已○自此以下至九十者其家不從政申[言]之養者老以激[致]孝之事

有虞氏以燕禮

孔氏曰崔氏云燕者殺烝於俎行一獻之禮坐而飲酒以至於

醉虞氏帝道宏大故養老以燕禮凡正饗食在廟燕則於寢燕
禮則折俎其牲用狗謂為燕者毛詩傳云燕安也其禮最輕升
堂行一献禮畢而脱屨升堂坐飲以至醉也儀禮猶有諸侯燕
禮一篇然凡燕禮有二一是燕同姓二是燕異姓若燕同姓則
夜飲其於異姓讓之則止故詩湛露鄭箋云夜飲之禮同姓則
成之其庶姓讓之則止此燕致仕之老宜用正燕之禮老人不
合夜飲當用異姓之燕禮愚謂老人宜安也故養老始用燕禮
燕禮一篇乃諸侯燕其羣臣之禮而兼及於燕四方之賓若天
子燕諸侯與其臣子及諸侯自相燕其禮皆不可見然湛露天
子燕諸侯云厭厭夜飲不醉無歸燕禮云宵則庶子執燭於阼
階
燭上是異姓亦有夜飲之禮但燕異姓則公在阼階上燕同姓
則公與父兄齒以燕禮養老固當用燕異姓之燕禮疏以夜飲

據儀禮訂

不夜飲為言則非也

夏后氏以饗禮

孔氏曰崔氏云饗則體薦而不食爵盈而不飲依尊卑而為獻数夏既受禅於虞是三王之首貴尚於禮故養老以饗禮相養敬也皇氏曰凡饗有四種一是諸侯来朝天子饗之周禮大行人職云上公饗禮九献是也其牲則體薦體薦則房烝故左傳云饗有體薦國語云王公立飫則有房烝飫即饗也立而成禮謂之飫具禮亦有飯食故舂人云凡饗食共其食米鄭云饗有食米則饗禮兼食與燕是也二是王親戚及諸侯之臣來朝王饗之禮亦有飲食及酒其酌数亦當依命其牲則折俎亦曰殽烝故國語云親戚宴饗則有殽烝謂以饗禮而燕則有之左傳定王饗士會用折俎以國語及左傳知王親戚及諸侯之臣来

聘皆折俎饗也其饗朝廷之臣亦當然也三是四裔之使来王不親饗但以牲全體委與之故國語云坐諸門外而體委與之是也若其君来則與中國子男同故小行人職云掌小賓小客所陳牲牢當不異也四是饗宿衛及耆老孤子則以醉為度故酒正云凡饗士庶子饗耆老孤子皆無酌数是也饗致仕之老宜用正饗之禮其饗死事之老不必有德又老人不宜久立當用折俎之饗也愚謂賓客飲食之禮有三曰饗也食也燕也食禮專於質燕禮專乎文饗則兼飲食餚質文其禮為最重夏后氏以燕禮輕故易之以吉饗饗禮雖亡不可考宗廟之祭謂之大饗賓客之重禮亦謂之大饗蓋其禮大畧相似始而灌次朝踐次饋食食畢而酳而以尊卑為献数内宰職大祭祀后祼献則賛瑤爵亦如之鄭云酳尸后亞献爵以瑤為飾内宰又云凡賓

昭五年傳

客之祼献瑤爵皆賛是賔客之饗亦有灌有献有酳矣大行人上公饗禮九献侯伯七献子男五献此自灌至酳之献數也國語王公立飫則有房烝此朝踐薦腥之禮也春人凡饗食共其食米饗禮有米此饋食之禮也籩人掌四籩之實凡祭祀共其籩薦羞之實喪事及賔客之事共其薦籩羞籩醢人掌四豆之寔凡祭祀共薦羞之豆實賔客喪紀亦如之是饗禮有朝踐之豆籩有饋食之豆籩有加豆加籩有羞豆羞籩皆與祭祀同但祭祀尸坐饗禮則立而成禮國語云王公立飫左傳云設機而不倚是也又有曰饗而行射禮者司服所謂饗射則鷩冕是也若折俎之饗則参用燕禮而行之左傳晉侯享季武子范宣子賦黍苗武子興再拜稽首則坐而飲酒矣但燕禮牲用狗惟一献而享禮之牲牢献数則以爵命之尊卑為差耳

殷人以食禮 食音嗣

孔氏曰食禮者有飯有殽雖設酒而不飲禮以食為主故曰食

崔氏云殷人質素威儀簡少故養老以食禮食禮亦有二種一是禮食大行人諸公食禮九舉及公食大夫是也二是燕食謂臣下自與賓客旦夕共食按曲禮鄭註云酒漿處右云此大夫士與賓客燕食之禮食致仕之老當用正食死事之老當用燕食愚謂公食大夫禮則諸侯食來聘大夫之禮而兼及于大夫之自相食至於天子食諸侯與諸侯相食之禮則亦皆不可得而見矣公食禮無樂而周禮樂師饗食諸侯序其樂鍾師凡祭祀享食奏燕樂公食禮無舉數而大行人上公食禮九舉侯伯七舉子男五舉則王之食諸侯與諸侯之自相食固與公食禮不同至養老之享食則天子袒而割牲冕而總干又有與享食

之常禮不同者矣

周人脩而兼用之

鄭氏曰脩陰陽也凡飲養陽氣凡食養陰氣陽用春夏陰用秋冬

愚謂周人極文故脩上三禮而兼用謂春則或用饗或用燕秋則用食也

五十養於鄉六十養於國七十養於學達於諸侯八十拜君命一坐再至瞽亦如之九十使人受

養於鄉養於國謂引戶校年而行糜粥飲食以養之也養於學謂於學而以燕享食之禮養之也五十者一鄉引年則及之六十者一國引年則及之七十者學中行養老之禮則及之拜君命謂君有所賜而拜受之也凡拜君命者必再拜稽首坐而一拜興而又坐一拜八十者一坐而以首再至於地殺其禮以優

之也瞽者無目故亦如之九十者於君命不親受彌優之也○養老之法有以燕享食之禮養之於學者有虞氏養國老於上庠養庶老於下庠之等是也有致物於其家以養之者八十月告存九十日有秩及月令仲秋行糜粥飲食是也有免其征役以養之者五十不與力征六十不與服戎八十者一子不從政九十者其家不從征是也有共給之終其身者司門以其財養死事之老遺人門關之委積以養老孤是也

五十異粻六十宿肉七十貳膳八十常珍九十飲食不離寢膳飲從於遊可也（粻陟良反　離力智反）

粻糧也異粻者少壯疏食五十者別食精鑿也宿肉者六十非肉不飽恒宿脩之以供其求也膳善食也七十者不惟宿肉又有美善之食以副貳之也八十者不惟貳膳又得常食珍物也

遊行也九十年益高隨其所居所行而膳飲不離焉則所以養之者益至矣

六十歲制七十時制八十月制九十日脩惟絞紟衾冒死而後制絞戶交反紟其鴆反冒忘報反

鄭氏曰絞紟衾冒一日二日而可為者孔氏曰歲制謂棺也不易成故歲制此謂大夫以下人君即位為椑不待六十也時制衣物難得者月制衣物易得者愚謂歲制者謂送死之具於每歲有所制也時制於每時有所制也月制於每月有所制也六十已衰始制為送死之具至七十八十而所制彌備至九十又於所制者日脩也絞大小斂既斂所以收束衣服為堅急者紟單被也大斂用之衾大小斂之衾也冒既襲所以韜尸者

五十始衰六十非肉不飽七十非帛不煖八十非人不煖九十雖得

人不煖矣

　五十始衰故養老者自五十以上

五十杖於家六十杖於鄉七十杖於國八十杖於朝九十者天子欲

有問焉則就其室以珍從從才用反又如字

　陳氏祥道曰大夫七十而賜之杖此五十而杖者蓋杖於家及

鄉國者不必待賜杖於朝則非賜不可也愚謂大夫七十而致

事八十杖於朝此常法也若七十不聽致事則必賜　八七

十亦得杖於朝祭義七十杖於朝是也大詢衆庶之朝庶人之

老或與焉其八十者或亦得杖與

七十不俟朝八十月告存九十日有秩

　孔氏曰此謂大夫士年老而聽政事者不俟朝者朝君之時入

門至朝位君出揖之即退不待朝事畢也告問也八十者君每

月使人致膳告問存否秩常也九十老極君日使人以常膳致之愚謂致仕而朝君者論語吉月必朝服而朝是也不俟朝固以優老亦以其不與朝政故也若八十則雖未致仕不俟朝有朝政則使人就而問焉祭義八十不俟朝有問則就之是也

五十不從力政六十不與服戎七十不與賓客之事八十齊喪之事

釋文鑄抄

昔反也政音征與音預

力征謂田與追胥之役祭義五十不為甸徒是也周禮卿大夫國中六十免征野六十五免征田與追胥免之獨早者以其為竭作之役也蓋凡起徒役毋過家一人役其子則免其父竭作則父子皆行故於五十即免之然五十之人如其子未能受役於非竭作之役猶不免供役也六十免役則不與服戎不問其子之長幼而皆為役之所不及矣八十不齊謂不祭也不喪者

濯上當有視字此脱誤係曲礼上七十曰老而傳□殊

七十惟衰麻爲喪八十并衰麻不服也鄭氏曰八十不祭子代之祭是謂宗子不孤孔氏曰七十之時祭祀猶親爲之其視濯漑則子孫至八十祭亦不爲

五十而爵六十不親學七十致政惟衰麻爲喪

鄭氏曰不親學不能備弟子禮爵謂命爲大夫愚謂爲大夫者不必皆五十其假祖廟而命之則必待五十也親學謂至學受業六十筋力已衰則不能親學德業已成則不必親學惟　爲喪者備喪之服而不必其飲食居處之如禮也曲禮謂飲酒食肉處於内是也

有虞氏養國老於上庠養庶老於下庠夏后氏養國老於東序養庶老於西序殷人養國老於右學養庶老於左學周人養國老於東膠養庶老於虞庠虞庠在國之西郊 鄭註膠或作絿

上庠下庠東序西序右學左學皆在國之大學也此歷言四代之學而獨曰虞庠在國之西郊則其餘皆在國矣孟子夏之鄉學名校殷之鄉學名序則夏之東序西序殷之右學左學皆大學而非鄉學矣蓋古者天子皆不止於一學以周立四學推之可知也上庠西序右學皆在西下庠東序左學皆在東虞殷以西為尊夏人以東為尊周之東膠大學也虞庠鄉學有庠而養庶老獨於西郊之庠亦取其與殷禮相变與虞夏殷養國老庶老皆於國學周養國老於國學養庶老於鄉學者周代文故辨於貴賤之禮也

有虞氏皇而祭深衣而養老夏后氏收而祭燕衣而養老殷冔而祭縞衣而養老周人冕而祭玄衣而養老皇釋文作堲音同冔況甫反縞古老反又古報反

陸氏曰燕衣燕居之衣元端是也據卒食元端以居縞衣朝衣

釋文堲音皇本又作皇

也據朝服之以縞自季康子始也元衣冕也據食三老五更於大學天子冕而總干養老夏后氏以燕服殷人以朝服周人以祭服後王彌文也愚謂此主言養老而乃言祭之冠者蓋四代養老皆以祭之冠而衣則或異也樂記食三老五更於大學天子冕而總干司服享食則驚冕則周人養老以冕即虞夏殷可推矣皇收冔者虞夏殷士助祭於君之冠也虞夏殷祭亦用冕孔子言禹美黻冕大甲言伊尹以冕服奉嗣王歸於 乙七

獨舉士之祭冠者謂其所用以養老之冠也深衣者十五升白布連衣裳為之而純以采者也有虞氏以皇為士之祭冠用此配深衣而服之以養老也燕衣燕居之服元端服也縞衣者皮弁服之衣天子之朝服也元衣者六冕之服皆元祭服也虞夏殷以士之祭冠養老而夏之燕衣則尊於虞之深衣殷之縞衣

則尊於夏之燕衣至周冕而元衣則其禮葢隆矣然周人養老兼用饗食燕三禮此元衣養老謂饗食之禮也若以燕禮養老則天子皮弁服諸侯朝服凡朝燕同服天子諸侯一也鄭氏曰皇冕屬也畫羽飾之凡冕屬其服皆元上纁下虞十二章周九章夏殷未聞凡養老之服皆其時與羣臣燕之服有虞氏質深衣而已夏而改之尚黑而黑衣裳殷尚白而縞衣裳之元衣素裳其冠則牟追章甫委貌也愚謂皇收冔之制未詳鄭謂畫羽飾之蓋以周禮皇舞之義推之未知是否至四代養老之服則陸氏之說為是而鄭氏之說誤甚四代養老惟有虞氏用燕禮宜用燕服若用饗禮則饗之服用食禮則食之服而鄭氏謂養老之服皆與羣臣燕之服其誤一也縞衣之冠夏制不可考若以周制言之則當用皮弁而鄭氏以為章甫其誤二

十二九當互易

也周天子養老冕而總干而鄭氏以為服諸侯之朝服其誤三也又其言虞服九章周服十二章者亦非是説詳郊特牲

凡三王養老皆引年

鄭氏曰已而引戶校年當行復除也老人衆多非賢者不可當皆養愚謂未七十不得養於學而七十者亦不能皆養之於學也故必引戶校年而行糜粥飲食之賜然後所養無不徧而其尤老者則又當復除其家如下文所言也

八十者一子不從政九十者其家不從政廢疾非人不養者一人不從政父母之喪三年不從政齊衰大功之喪三月不從政將從於諸侯三月不從政自諸侯來從家期不從政朞音基

周氏諝曰將從不從政所以寬之始來不從政所以安之也愚謂荀子大畧篇從諸侯來與新有昬期不使此言復除老者之

舊本以下十六字原義疏未注入例刪之按文義稍帶未 疏是也

法廢疾以下又因不從政而類言之也疾廢謂廢於人事若瘖者之類是也三年不從政除喪而後從政也三月不從政既葬而後從政也將徙於諸侯謂將徙於他國也三月不從政以其當為行計也自諸侯来從家謂自他國始來家於此也期不從政以其未有業次也

此條孔疏天民以下混先生注故刪之

○少而無父者謂之孤老而無子者謂之獨老而無妻者謂 老而無夫者謂之寡此四者天民之窮而無告者也皆有常餼少詩照反矜本又作鰥同古頑反

鰥魚名魚目不閉無妻之人愁悒不能寐目恒鰥鰥然故曰鰥天民者民皆天之所生也皆有常餼謂四者之民皆常有廩餼以給之以其不能自養故也孟子謂文王發政施仁必先鰥寡孤獨是也此言恤孤獨以逮不足之事

瘖聾跛躃斷者侏儒百工各以其器食之瘖於金反聾力東反跛波我反躃必亦反侏音朱

孔氏曰瘖謂口不能言聾謂耳不聞聲跛躃謂足不能行斷者謂肢節斷絶侏儒謂容貌短小此等既非老無告不可特與常餼然既有病又不可不養故各以器能供官役使以廩餼食之晋語文公問八疾胥臣對曰戚施直鎛籧除蒙璆侏儒扶盧矇瞍修聲聵聾司火其童昏嚚瘖僬僥官司[師]所不材以實裔土是各以其器食之外傳不云跛躃此不云籧除戚施設文不具外傳瘖與僬僥以實裔土此瘖以其器食之者古今法異也愚謂養疾民亦恤孤獨之類因上文而并及之百工非疾民而並言之者因以器食之其事同也

[疏作師與晋語合]

○道路男子由右婦人由左車從中央

鄭氏曰道中三塗遠别也萬氏斯大曰塗之從者以西為右以東為左横者以南為右以北為左左右有一定[而]往來皆由之

父之齒隨行兄之齒鴈行朋友不相踰

父之齒年長以倍者也兄之齒十年以長者也朋友不相踰雖有少長肩隨而已

輕任并重任分班白不提挈并必性反本又作併挈苦結反○石經頒白下有者字

任謂負擔也班白老人頭半白黑者二人並行各有負擔而年有少長若輕則并與少者若重而一人不能獨任則分之而以其重者與少輕者與長也至班白之老則不以其任行乎道路雖提挈之輕猶不及之則重者可知矣此上三節言道路同行之禮蓋上之於民既富而教而又養耆老恤孤獨以化之則民皆知謹於禮而敬事其父兄其見於道路之間者乃其一端也孟子言謹庠序之教申之以孝弟之義頒白者不負戴於道路亦此意也

君子耆老不徒行庶人耆老不徒食

六十曰耆君子大夫士也徒空也不徒行出必乘車也不徒食食必宿肉也此因上文言行道之禮而及於君子耆老不徒行又因君子耆老不徒行而并及於庶人耆老不徒食皆緣類及之也

○大夫祭器不假祭器未成不造燕器

祭器不假說見曲禮祭器未成不造燕器急奉先也此節與上文不相屬陳氏謂當在寢不踰廟之下愚意其直為他篇之脫簡耳

○方一里者為田九百畝方十里者為方一里者百為田九萬畝方百里者為方十里者百為田九十億畝億於力反

鄭氏曰一里方三百步億今十萬孔氏曰尹文子云百姓千品

萬官億醜皆以数相十此謂小億也毛詩傳云数萬至萬曰億此大億也愚謂此言一國之内為田之大数也舉百里之國而七十里五十里之國亦可放此推之矣自此以篇終皆所以申釋前文而且以補其所未備也

方千里者為方百里者百為田九萬億畝

鄭氏曰萬億今萬萬也孔氏曰計千里之方為百里者百一箇百里之方既為九十億畝則十箇百里之方為九百億畝百箇百里之方為九千億畝今乃云九萬億畝與数不同者若以億言之當云九千億畝若以萬言之當云九萬萬畝此經上下或萬或億遂誤為萬億鄭不顯言故云此經萬億者即今之萬萬

愚謂此言一州之内為田之大数也

自恒山至於南河千里而近自南河至於江千里而近自江至於衡

山千里而遥自東河至於東海千里而遥自東河至於西河千里而近自西河至於流沙千里而遥西不盡流沙南不盡衡山東不盡東海北不盡恒山凡四海之内斷長補短方三千里爲田八十萬億一萬億畝斷音短

應氏鏞曰海獨言東海者東海在中國封域之内而西南北則夷徼之外疆理有不及也南以江與衡山爲限百越猶未盡開也河獨舉東西南者河流縈帶而周遶雖流沙亦與河接也當先王盛時東西南北各有不盡蓋聽四夷居之故外薄四海至於五千里者此區域之大數而疆里之畧者也四海之内方三千里此民田之大數而疆里之詳者也觀於曰内曰外二字而治之詳畧可見矣胡氏渭曰禹河自華陰折而東行至大伾所行不滿千里故曰千里而近若漢河則東過大伾山南至白馬

縣之長壽津始折而北行西去宿胥口又一百五十里則為千里而遥矣孔氏曰為田八十萬億一萬億畝以一州方千里九州方三千里三三如九為方千里者九一箇千里有九萬億畝九箇千里九九八十一故有八十一萬億畝但記文詳具故於八十整数之下云萬億又云一萬億也以前文誤為萬億此因前文之誤更以萬億言之愚謂恒山在今真定府曲陽縣西北極三十七度南河東河西河皆主冀州言之禹河自華陰東折歷厎柱析城王屋孟津洛汭而至大伾為南河在冀州之南冀州與豫州之界也南河所行其㝡南者在今蒲州府永濟縣界中極三十四度六分與恒山南北相距為二度四分約為六百里故曰千里而近江自會漢水至揚州入海其所行㝡北者在今鎮江府北極三十二度三分與南河南北相距為二度五分約為六百二十五里故亦曰千里而

近衡山在今衡州府衡山縣（極二十七度二分）與江南地相距為五度一分約為一千二百七十五里故曰千里而遥東海青徐揚之海也青州之成山陡入海中若據成山東海計之其地太遠而徐州濱海古為淮夷所居揚州則又雜以百粤記云東海蓋據今青沂等府所濱之海也（東二度二三分）禹河自大伾北折至大陸又北至九河為東河在冀州之東冀州與兖州之界也今河自孟津以東久失故道以記文參考今地圖其最西者在今大名府濬縣界中（西二度）與東海東西相距約四度三分為一千七十餘里故曰千里而遥河自龍門南流至華陰為西河在冀州之西冀州與雍州之界也其所行最東者在今絳州河津縣界中（西五度分）與東河東西相距三度八分為九百五十里故曰千里而近流沙漢志以為居延澤在今嘉峪關外曰索科鄂模（西十七度左右）與西河東西相距

當作○○一八○○○○簽三

為十一度三分為二千八百二十五里故曰千里而遥顔師古謂流沙在燉煌薛氏季宣云流沙大磧也在沙州西八十里皆指今哈密東南之大沙海為流沙其地太遠恐非記之所據也自恒山至衡山約十度為二千五百里自東海至流沙約一十九度三分有餘為四千二百餘里東西贏而南北縮而其地皆有所不盡故斷長補短為方三千里也方三千里之地當為田八萬一千億畝承上文之誤則當云八十一萬億畝而云八十萬億一萬億畝記文之繁也○鄭氏曰自恒山至南河冀州域自南河至江豫州域自江至衡山荆州域自東河至東海徐州域自東河至西河亦冀州域自西河至流沙雍州域愚謂記言九州之内方三千里[illegible]九州皆在其中鄭氏據禹貢五州地域分之非記者本意且東河與兖界不與徐界而荆州北以荆山

為界尚在江北五六百里也○禹貢之九州為冀兖青徐揚荆豫梁雍爾雅九州為冀豫雝荆揚兖徐幽營周禮職方之九州為揚荆豫青兖雍幽冀并而每州封域亦各不同說者以爾雅為殷制王制言九州而不言州名又不言其封域未知用何代之制前云千里之内曰甸千里之外曰采曰流用禹貢之法則九州亦當與禹貢同禹貢之嵎夷黑水職方之醫巫閭皆為要荒之地而在九州之内此九州之大界也王制九州州方千里合為方三千里此九州為中國者之實數也九州在内者皆挾在外者皆廣以禹貢言之如兖徐豫三州皆不過千里若冀青揚荆梁雍則不止於千里而冀梁雍尤為遼濶蓋此六州皆外包要荒之地若除去要荒止計綏服之内則九州之地長短相補大約每州皆千里而已○此總計九州之内為田之大數也

方百里者爲田九十億畝山陵林麓川澤溝瀆城郭宮室塗巷三分去一其餘六十億畝

此言方百里之國爲田之實數也方百里者如此則小而方七十里方五十里大而方千里方三千里其三分去一之法皆可以此準之矣

古者以周尺八尺爲步今以周尺六尺四寸爲步古者百畝當今東田百四十六畝三十步古者百里當今百二十一里六十步四尺二寸二分

古者謂周以前也今記者據當時漢法言之也東田東方之田也漢初儒者皆齊魯人自據其地言之故曰東田步百爲畮三百步爲一里方里而井古者百畝當今東田百四十六畝三十步蓋漢初時如此至景帝改以二百四十步爲畝則大於古之

畝矣鄭氏曰周尺之數未詳聞也按禮制周猶以十寸爲尺盖六國時多變乱法度或言周尺八寸則步更爲八八六十四寸以此計之古者百畝當今百五十六畝二十五步古者百里當今百二十五里孔氏曰古者八寸爲尺以周尺八尺爲步則一步有六十四寸今以周尺六尺四寸爲步則一步有五十二寸是今步比古步每步剩出一十二寸以此計之古者百畝當今田百二十五畝七十一步有餘古之百里當今百二十三里一百一十五步二十寸與此經皆不相應經文錯乱不可用也又曰玉人職云鎮圭尺有二寸又云桓圭九寸是周猶以十寸爲尺今經云以周尺六尺四寸爲步乃是六十四寸則謂周八寸爲尺也鄭即以周尺十寸爲尺八尺爲步則步八十寸鄭又以今尺八寸爲尺八尺爲步則今步少於古步一十六寸也是古

之四步剩出今之一步古之四十步為今五十步古一畝之田
長百步得為今田一百二十五步方百畝之田從北嚮南每畝
剩二十五步總為二千五百步從東嚮西每畝剩二十五步亦
總為二千五百步相併為五千步總為五十畝又西南一角南
北長二十五步應南畔所剩之數東西亦長二十五步應西畔
所剩之數計方二十五步開方乘之總積得六百二十五步六
百步則為六百畝餘有二十五步故鄭云古者百畝當今百五
十六畝二十五步也又古者四步剩今一步則古者四里剩今
一里是古者八十里為今百里百里之外猶有古之二十里為
今之二十五里故鄭云古者百里當今百二十五里陳氏澔曰
疏義所筭亦誤古者八寸為尺以周尺八尺為步則一步只六
尺四寸今以周尺六尺四寸為步則一步有五尺一寸二分是

今步比古步每步剩出一尺二寸八分愚謂此疏本爲二説其前説以八尺之步與六尺四寸之步皆爲八寸之尺則八尺爲步止六十四寸六尺四寸爲步止五十一寸二分也其後説以八尺之步與六尺四寸之步皆爲十寸之尺則八尺爲步有八十寸六尺四寸爲步有六十四寸也觀經文及鄭註之意則後説爲是蓋古者以周尺八尺爲步此本十寸之尺而後人誤謂周尺止八寸用此制步則八寸爲尺八尺爲步以十寸之尺約之止有六尺四寸矣今疏之前説既以八尺之步於八十寸之中去其十六寸而爲六尺四寸又以六尺四寸之步於六十四寸之中去其十二寸八分而爲五尺一寸二分與經註之意皆不合陳氏第據前説而辨其所筭五十二寸之失則亦未爲甚晰也管子及司馬法皆云六尺爲步考工記車人爲耒自其庇

詳下原有雖字當作而

○

緣其外以至於首以弦其內六尺有六寸與步相中也少於古時二尺矣是周步六尺又記特言周尺則古尺周尺疑亦不同孟子曰夏后氏五十而貢殷人七十而助周人百畝而徹蓋三代皆以步百為畝而步之大小不同夏大於殷殷大於周而尺度又有不同故夏之五十畝當殷之七十畝殷之七十畝當周之百畝但其詳雖不可盡考耳古時百畝當漢初百五十六畝有餘不啻多三分之一則夏殷周田數之參差其義又何疑哉○自方一里者至此詳言田數因前言天子之田公侯之田而詳釋之也

方千里者為方百里者百封方百里者三十國其餘方百里者七十又封七十里者六十為方百里者二十九方十里者四十其餘方百里者四十方十里者六十又封方五十里者百二十為方百里者三

十其餘方百里者十方十里者六十名山大澤不以封其餘以為附庸閒田諸侯之有功者取於閒田以祿之其有削地者歸之閒田閒音閑下同

此申釋畿外八州建國之法也諸侯之有功者取於閒田以祿之有功德於民而加地者也其有削地者歸之閒田山川神祇有不舉者為不敬君削以地者也

天子之縣内方千里者為方百里者百封方百里者九其餘方百里者九十一又封方七十里者二十一為方百里者十方十里者二十九其餘方百里者八十方十里者七十一又封方五十里者六十三為方百里者十五方十里者七十五其餘方百里者六十四方十里者九十六

此申釋縣内封國之法也

諸侯之下士祿食九人中士食十八人上士食三十六人下大夫食

七十二人卿食二百八十八人君食二千八百八十人次國之卿食二百一十六人君食二千一百六十人小國之卿食百四十四人君食千四百四十人次國之卿命于其君者如小國之卿食音嗣

此申釋諸侯以下制祿之法也

天子之大夫為三監監於諸侯之國者其祿視諸侯之卿其爵視次國之君其祿取之於方伯地方伯為朝天子皆有湯沐之邑於天子之縣内視元士為朝為于偽反

此言三監之祿與方伯湯沐之邑又以補前文之所未備也鄭氏曰湯沐之邑給齋戒自潔清之用浴用湯沐用潘許氏慎曰公羊説諸侯朝天子天子之郊皆有朝宿之邑從泰山之下皆有湯沐之邑左氏説諸侯有功德於王室京師有朝宿之邑泰山有湯沐之邑魯周公之後鄭宣王母弟皆有湯沐邑其餘則

否許慎謹按京師之地皆有朝宿邑周千八百國諸侯盡京師地不能容之不合事理之宜愚謂方伯湯沐之邑在天子之縣內者即左氏公羊所謂朝宿之邑也左氏公羊以在京師者為朝宿之邑在泰山下者為湯沐之邑其實京師及泰山下之邑皆為朝王而居宿皆所以齊戒自潔清也方伯有湯沐邑則非方伯不得有也魯為方伯故有許田衛亦嘗為方伯故左傳云取於有閻之土以供王職取於相土之東都以會王之東蒐有閻之土京師湯沐之邑也相土之東都泰山下湯沐之邑也鄭非方伯而有泰山之祊則以懿親特賜也

諸侯世子世國大夫不世爵使以德爵以功未賜爵視天子之元士以君其國諸侯之大夫不世爵祿

此申言內諸侯祿外諸侯嗣之制而且以補其未備之義也諸

侯謂畿外諸侯大夫謂天子之公卿大夫也使以德者有德則使之為大夫而不能必其子之亦有德此大夫之所以不世爵也爵以功者有功故爵之為諸侯而有功之賞宜及於其子孫此諸侯之所以世國也諸侯除喪以士服見天子天子命之乃用諸侯之禮未賜爵謂諸侯初嗣位未見天子而受命也視天子之元士謂其車服之制也言此者以明諸侯雖得世爵而未嘗不待天子之命之也天子之大夫不世爵而禄則有世者諸侯之大夫爵禄皆不世也○孔氏曰諸侯大夫有大功德亦得世禄故隱八年官有世功則有官族邑亦如之愚謂諸侯大夫不世爵禄此亦本於公羊傳春秋譏世卿之説其實先王時諸侯大夫未嘗無世禄爵者所謂世臣與國同休戚乃人君之所恃以立國故滕行世禄孟子善之而喪服有大夫為昆弟之長

殤未冠已為大夫必其髙勲大族世為大夫者矣盖爵可世而官不可世司徒司馬司空之属謂之官卿大夫士謂之爵泰誓数殷紂之罪齊桓公五禁皆言世官而不言世爵世官謂若魯季氏為司徒叔孫氏為司馬孟孫氏為司空宋樂氏為司城以聴政鄭罕氏之為冢宰以當國世居是官而不易者也

○六禮冠昏喪祭鄉相見冠古乱反

李氏格非曰冠昏鄉嘉禮也喪凶禮祭吉禮也相見賔禮也周官宗伯掌禮之在上者則有軍禮而冠昏鄉其禮同故五禮此言禮之在民者則無軍禮而冠昏鄉其事異故六禮愚謂禮之在國者其别多故總之以五禮而冠昏鄉皆屬於嘉禮禮之在民者其别少故分之為六禮而冠昏鄉各為一鄉○此下三節詳六禮七教八政之目也

七教父子兄弟夫婦君臣長幼朋友賓客長行丈反

父子有親君臣有義夫婦有別長幼有序朋友有信謂之五教書所謂敬敷五教是也然旁親皆謂之長幼而兄弟則其情尤親故分兄弟於長幼而為二賓客即朋友之類然同志者乃謂之朋友而賓客則所該者廣故分賓客於朋友而為二此七教之所由名也

八政飲食衣服事為異別度量數制別必列反量音亮

音不必標

項氏安世曰事為者冢宰之九職司徒之十二事考工之六職司徒所頒以任民者也愚謂異別即上飲食衣服事為三者而事各不同者若五方異俗四民異業貴賤異禮之類度丈尺也量斗斛也數百十也制布帛幅廣狭與其長短也言異別於四者之上以飲食衣服事為有異而度量數制不容異也

巻十八

此書别無副本希為留心收拾

九月初六五日錡馮校過

按篇目當照注疏本頂格寫，注文低一格

禮記卷十八

曾子問第七之一 別錄屬喪服 孫希旦集解 原本此五字在首行

此篇多記吉凶冠昏所遭之變，內子游問者一條，子夏問者一條，餘則皆曾子問而夫子答之者也。亦有不言曾子問直曰孔子曰者，或記者文畧，或孔子自為曾子言之，不待其問也。蓋先王所著之為禮者，其常也，然事變不一，多有出於意度之外，而為禮制所未及備者，曾子預揣以為問，夫子隨事而為之處，蓋本義以起夫禮，由經以達之權，皆精義窮理之實也。

曾子問曰：「君薨而世子生，如之何？」孔子曰：「卿、大夫、士從攝主，北面於西階南。大祝裨冕，執束帛，升自西階，盡等，不升堂，命毋哭。祝聲三，告曰：『某之子生，敢告。』升，奠幣于殯東几上，哭，降。眾主人、卿、大夫、士，房中皆哭，不踴。盡一哀，反位。遂朝〔朝〕奠。小宰升舉幣。釋文 大音泰，下同。祝，之六反。裨，裨〔婢〕支反。毋音無，本亦

作無祝聲祝徐之又反又如字三息暫反又如字下同

此言世子生告殯之禮也攝主謂攝為喪主者蓋世子雖未生而喪不可以無主故以庶子或兄弟之子暫主喪事左傳季桓子疾命其臣正常曰南孺子之子男也則立之女也則肥也可桓子卒康子即位南氏生男康子請退所謂攝主者謂若康子者也朝夕哭之位攝主在阼階東西面卿大夫在其南今以告殯故在西階南北面以殯在西階上也裨猶副也益也服冕者各以其上服之次為裨冕此兼明天子諸侯之禮天子之大祝下大夫服希冕其裨冕則玄冕也大祝接神故吉服又以在喪故不用其上服而服其次也顧命王麻冕黼裳大保麻冕彤裳黼裳者三章之絺冕裳繡黼黻者也彤裳者一章之玄冕玄衣纁裳者也以此知在喪而假冕服者皆視其常服有所降明矣

按全書例凡遇廟諱經文本字缺筆注文以字代此玄應作元始畫一

按本疏改

帛制幣也十端為束告於堂下則大遠升堂又迫近殯所故升階盡等而不升堂遠近之節也命毋哭者告神宜静也聲三謂發聲告神者三欲其聽之也某夫人之氏也殯無几筵此特設几以奠幣蓋横設於殯東與尋常設几之法異也哭降者大祝既告則哭而且降而北面於大夫之列也衆主人君大功以上之親也亦從攝主北面於西階下前不言者文畧也房中婦人也朝夕哭之位男子在阼階下西面婦人在阼階上西面今告殯男子在西階下北面故婦人在西房中南面皆為欲嚮殯故也不踊者此告殯耳異於朝夕哭及受弔也反位反朝夕哭之位也告殯在朝哭之後既告反位而後朝奠鄭氏曰聲三噫歆警神也孔疏直云祝聲不知作何聲按論語云顔淵死子曰噫天喪予檀弓公肩假曰噫是古人發聲多云噫故知此聲亦謂噫也凡祭祀神之所享謂之歆今作聲令神歆享故曰歆享神也

小宰升舉幣所主也舉

而下埋之階間孔氏曰周禮小宰職凡祭祀贊玉幣爵之事喪荒受其含襚幣玉之事是幣小宰所主也知埋之階間者下文云師行主命反必告設奠卒斂幣玉藏諸兩階之間故知此幣亦埋之階間也○鄭氏以攝主為上卿代君聽國政者果爾則百官總己以聽於三年者也何以下見殯不言攝主乎又鄭氏謂筵几以明繼體不知明繼體何所取於几筵且記但言几不言筵也雜記諸侯致含襚有葦席既葬蒲席有筵而無几此奠於殯東几上有几而無筵蓋皆特設之以受幣物故不俻几筵與設生位之法異無他義也

三日衆主人卿大夫士如初位北面大宰大宗大祝皆裨冕少師奉子以衰祝先子從宰宗人從入門哭者止子升自西階殯前北面祝立于殯東南隅祝聲三曰某之子某從執事敢見子拜稽顙哭祝宰

宗人衆主人卿大夫士哭踊三者三降東反位皆袒子踊房中亦踊三者三襲衰杖奠出大宰命祝史以名偏告于五祀山川〈釋文〉少升名反衰七雷反奉方勇反從才用反去聲下同見賢遍反

此言見殯之禮也如初位者如告殯時西階南之位也不言攝主者見子則子為喪主而攝主退矣大宰主賛王大宗伯詔相王之大禮故子見皆從天子之卿六命服毳冕其裨冕則希冕也二卿裨冕猶大祝裨冕之義也少師主養子者蓋以師氏之上士為之左傳所謂卜士負之者也初生未能服衰故用衰奉之特牲少牢吉祭祝先主人從士虞禮凶祭主人先祝從此在喪中乃祝先子從者以告神故依吉祭之禮也入門哭者止者子乃喪主初入門未哭故衆主人止哭以待之也升自西階者居喪之禮升降不由阼階也殯前北面者殯南首子不可正立

三

於其南而當死者之首當在殯之東稍南而北面也祝立於殯東南隅者詔辭自右祝在子之右而稍後直殯之東南也祝亦北面子某者稱其名也禮子生三月見於父父名之此見殯稱名則名子在見殯之先矣疏謂大宰即位立名然後告殯是也子拜稽顙哭者奉子者代為之也初告子生不踊此皆踊者子初見殯故踊子踊則衆主人以下皆從而踊矣三者三者踊以三度為一節如是者凡三也降東反位者降自西階而反阼階東之位也此言東反位於衆主人卿大夫士之下則人君朝夕哭之位卿大夫士皆同面與士喪禮異矣皆袒者子及衆主人卿大夫皆袒也子又踊者衆小斂後主人初即阼階下之位而踊也子踊則衆主人卿大夫及婦人皆踊不言衆主人卿大夫踊者文略也見子時婦人在西房反位時在阼階上西面皆與

男子拾踊故言房中亦踊欲見婦人在房中及反位皆踊也襲而衰杖者成子禮也奠謂朝奠出者出反於喪次也以名徧告於五祀山川不言宗廟社稷者亦文略也鄭氏曰三日負子日也因負子名之喪禮畧也孔氏曰諸侯五日而殯殯而成服此三日而衰者喪已在殯故也降東反位者堂上皆降堂下者皆東反朝夕哭位皆袒者以初堂上堂下之哭非正位故不袒今反朝夕哭位故皆袒

曾子問曰如已葬而世子生則如之何孔子曰大宰大宗從大祝而告于禰三月乃名于禰以名徧告及社稷宗廟山川（禰本又作祢乃禮反）

孔氏曰禰父殯宮之主也既葬無尸柩惟有主在故告於主同廟主之稱故曰禰也不云裨冕者未葬尚裨冕葬後不言自顯也不云執帛者凡告必制幣從可知也雖三日不見其成服衰

經自依常禮也前不云宗廟社稷此不云五祀相互明也王肅云未葬當稱子某故三日名之既葬稱子不稱名故三月乃名愚謂前告殯卿大夫士皆在者以朝哭故也既葬不復朝夕哭故惟大宰大宗從大祝而告蓋大宰攝政宗伯主宗廟之禮故也不言攝主者子生則退矣三月乃名於禰者三月乃見於禰而名之也喪必有主主幼則使人抱之未葬殯宮有朝夕哭奠拜賓之事故三日即見既見而後攝主可退既葬則朝夕哭皆在廬而殯宮無所事焉故子生則攝主可以告退而見子亦可以待三月也

○孔子曰諸侯適天子必告于祖奠于禰冕而出視朝命祝史告于社稷宗廟山川乃命國家五官而后行道而出告者五日而徧過是非禮也凡告用牲幣反亦如之釋文朝直遙反下同

按元本作兆是

壇字按本疏改

祖大祖也祖與禰皆設奠以告之或言告或言奠互見之也冕而出視朝者諸侯朝天子服裨冕今於將出時先服之以視朝所以預敬其事也命祝史告宗廟謂君所不親告者也告山川就國外之神而告之也五官五大夫主國事者道祭行道之神於國城之外也其禮以菩芻棘柏為神主封土為軷壤厚二寸廣五尺輪四尺既祭以車轢之而去喻行道時無險難也周禮犬人伏瘞亦如之鄭謂伏為軷祭則天子軷祭用犬諸侯降于天子軷祭蓋以狗與告者五日而徧者容日告一廟也前行五日君親告禰廟其祖及曾祖高祖使祝史以次告之至五日君親告大廟遂奉遷主以行上以尊卑之次故先言告於祖其實告祖最在後也若告山川則分四方以四日告之至五日告社稷而遂奉社主以行也過是非禮者蓋過五日則其所告者不

（旁注：兆、壇）

五

相繼續於先告者嫌於留其命於後告者嫌於怠其禮故為非禮告出告反並用牲幣但告反所用之牲重於告出以聘禮出釋幣反釋奠推之可知也天子巡守歸假于祖禰用特牛則其出當用特羊諸侯或歸用特羊出用特豕與孔氏曰大夫衆多云五者據典國事者言之不云命卿者或從君出行或留國總主衆事既命五大夫亦命卿可知

諸侯相見必告于禰朝服而出視朝命祝史告于五廟所過山川亦命國家五官道而出反必親告于祖禰乃命祝史告至于前所告者而后聽朝而入

告于禰謂親告之不言祖者使祝史告之也朝服諸侯之朝服元冠緇衣素裳冕弁皆以冠名服而朝服與元端同冠故因以其所用以為服名凡經典言朝服皆謂此服也諸侯相朝亦冕

燕當作然

服此將出視朝不冕服祖廟不親告山川僅告於所過皆所以貶於朝天子之禮也反則祖禰皆親告者告反之禮重於告出也○朝聘之服不同朝以冕聘以弁諸侯朝天子裨冕其自相朝亦燕（然）熊氏謂諸侯相聘皮弁服相朝亦皮弁服非也

○曾子問曰並有喪如之何何先何後孔子曰葬先輕而後重其奠也先重而後輕禮也自啓及葬不奠行葬不哀次反葬奠而后辭於殯遂修葬事其虞也先重而後輕禮也　釋文　殯音賓

鄭氏曰並謂父母若親同者同月死不奠務於當葬者不哀次輕於在殯者殯當為賓聲之誤也辭於賓謂告將葬啓期也孔氏曰並謂父母也親同者祖父母及世叔兄弟葬是奪情故從輕者為首奠是供養故令重者居先自從也從啓母殯之後及至葬柩欲出之時惟設母之啓殯之奠朝廟之奠及祖奠遣奠

六

而已不於殯宮爲父喪奠故曰自啓及葬不奠謂不奠父也不奠者不更設新奠仍有舊奠存也反葬奠者謂葬母還反於父殯宮而設奠也奠父之後孝子告語於賓以明日啓父殯期節賓出遂營脩葬父之事虞是奠之類故亦先重後輕愚謂不殯謂不爲未葬者設朝夕奠也凡朝奠至夕則徹之夕奠至朝則徹之令於輕喪既啓之朝不復徹重喪之夕奠而設朝奠也蓋既啓則哀有所偏隆葬近則事有所偏急故於重喪之葬有所不暇及也次謂居喪次舍之處廬堊室之所在也葬時柩至此則哭踊以致其哀令行葬不哀次者喪次乃爲父母之所同而父喪尚在殯故不敢爲母喪致哀於此也奠謂設重喪之夕奠也虞以安神故亦先重而後輕。注疏以次爲大門外接賓客之處非也此云行葬不哀次則非並有喪者其葬母固當哀次

矣婦人迎送不出門可謂次為大門外接賓客之處乎

○孔子曰宗子雖七十無無主婦非宗子雖無主婦可也

鄭氏曰族人之婦不可無統孔氏曰此謂無子孫及有子孫而年幼小者若有子孫則傳家事于子孫故曲禮曰七十曰老而傳愚謂宗子主宗廟之祭祭必夫婦親之故不可以無主婦大宗小宗皆然

○曾子問曰將冠子冠者至揖讓而入聞齊衰大功之喪如之何孔子曰内喪則廢外喪則冠而不醴徹饌而埽即位而哭如冠者未至則廢冠古亂反下同饌仕戀反埽悉報反

鄭氏曰冠者賓與贊者内喪同門也不醴不醴子也其廢者喪成服因喪而冠孔氏曰加冠在廟廟在大門之内吉凶不可同處故内喪則廢愚謂此篇所言冠者與士冠禮異士冠禮言冠

者謂加冠之人也此篇言冠者謂為人加冠之人也冠禮有醴子醴賓醴賓在醴子之後既不醴子則不醴賓可知饌陳也所陳醴子之具士冠禮甒醴勺觶角柶脯醢之屬在房中者是也不醴子故徹之埽者為異事改新之也即位而哭謂喪遠者也若近則往哭之

如將冠子而未及期日而有齊衰大功小功之喪則因喪服而冠

鄭氏曰廢吉禮而因喪冠俱成人之服愚謂未及期日謂既筮日而未及所筮之日也因喪服而冠者於成服之日就喪次以喪冠而冠也蓋亦當有賓及贊者既冠字之一加而已而無餘禮也冠為重禮乃因喪服行之其畧如此者何也蓋吉禮重於嘉禮以嘉禮所以接神而吉禮乃所以事神也凶禮又重於吉禮以吉禮為事之常而凶禮乃事之變也冠禮雖重視喪禮則

為輕矣童子於喪服不能備今既有冠日乃以不能備嘉禮之故而不得以成人之服居喪則是以所輕廢所重也故因喪冠者非輕冠禮乃所以重喪禮也雜記大功小功之末可以冠子乃謂備嘉禮而冠者與此因喪服而冠者異也○雜記曰以喪冠者雖三年之喪可也而此言將冠子而未及期日而有齊衰大功小功之喪則因喪服而冠則未有期日者固不必因喪而冠矣蓋父母之喪已及冠年則必因喪而冠以不欲以未成人之禮服其親也若齊衰以下則有當室有不當室不當室者已筮日則因喪而冠此記所言是也若未筮日則大功者待喪末以吉禮冠雜記大功之末可以冠子是也齊衰者待除喪以吉禮冠雜記下殤之小功則不可下殤之小功本齊衰之親也當室者齊衰大功之喪已及冠年則冠故雜記云以喪冠者雖三

元本作召草書近公故誤公

年之喪可也明齊衰大功曰喪而冠可知小功以下則待喪末以吉禮冠雜記小功之末可以冠是也蓋因喪而冠者所以重喪服而服之輕重恩之隆殺不同故冠之緩急亦異也

除喪不改冠乎孔子曰天子賜諸侯大夫冕弁服於大廟歸設奠服賜服於斯乎有冠醮無冠醴醮子妙反

鄭氏曰酒為醮冠禮醴重而醮輕此服賜服酌用酒尊賜也不醴明不為改冠改冠當醴之愚謂大夫謂天子之大夫也諸侯大夫未冠嗣位初見天子天子假大廟而命之賜以冕弁禮本於尊者所成故歸遂不復行冠禮也大夫五十而後爵此未冠嗣位得賜冕弁服於大廟謂有功得世國若周公劉單之屬者也設奠者告於祖廟也服賜服言服所賜之服而告廟明不為冠禮也酌而無酬酢曰醮冠禮有醴與醮醴用醴三加之後總

一醴之醮用酒每一加而一醮醴質而醮文醴重而醮輕諸侯
冠禮用鬱鬯之祼左傳君冠必以祼將之禮行之是也此云有
冠醮無冠醴據大夫言之也大夫冠禮當用醴今以不復行冠
禮故但使人酌酒醮而已而不用醴若諸侯則亦但使人酌酒
醮已而不為鬱鬯之祼也受賜服者如此則因喪而冠者其不
復行冠禮可知矣○孔疏以醴與醮為適子庶子之分非是説
見郊特牲

父沒而冠則已冠埽地而祭於禰已祭而見伯父叔父而后饗冠者

鄭氏曰醴謂饗之愚謂祭於禰者冠於禰廟既冠而行告祭也
埽地者亦為新其事也饗冠者謂醴賓也士冠禮醴賓以一獻
之禮贊者皆與是也伯父叔父尊故先見之而后饗冠者父在
而冠則於其父饗冠者之時而見伯父叔父

○曾子問曰：祭如之何則不行旅酬之事矣？孔子曰：聞之，小祥者，主人練祭而不旅，奠酬於賓，賓弗舉，禮也。昔者魯昭公練而舉酬行旅，非禮也；孝公大祥，奠酬弗舉，亦非禮也。

三年之喪，至期而祭，謂之小祥。小祥練冠練衣。練祭，謂練冠以祭也。特牲禮，三獻以後，主人獻賓及衆賓訖，洗觶酬賓，奠于薦北，賓取觶奠于薦南。至衆賓長為加爵之後，兄弟弟子舉觶於其長，賓乃取所奠觶酬長兄弟，長兄弟取觶酬賓，交錯以辨，謂之旅酬。今小祥之祭，長兄弟為加爵則禮畢，賓不復取所奠觶行旅酬之禮也。昭公練而旅酬，不肖者之不及也；孝公大祥奠酬弗舉，賢者之過也。鄭氏曰：奠無尸，虞不致爵，小祥不旅酬，大祥無無算爵，彌吉也。孝公，隱公之祖父。

○曾子問曰：大功之喪，可以與於饋奠之事乎？孔子曰：豈大功耳！自斬

元本作嫌即孔疏士位卑不嫌敵君之意此以意改之非是

元本作般此改設非是

衰以下皆可禮也曾子曰不以輕服而重相為乎孔子曰非此之謂也天子諸侯之喪斬衰者奠大夫齊衰者奠士則朋友奠不足則取於大功以下者不足則反之（釋文）與音預為于偽反下並同　士則朋友奠釋文無奠字（士則朋友一本作）

饋奠謂執喪奠之事也曾子所問者謂已有大功之服而與於他人之喪奠故曰與於饋奠孔子所言謂有服而為所服者奠故直曰奠天子諸侯之喪為君服者皆斬衰也大夫之臣為大夫亦斬衰不奠者避天子諸侯之禮也朋友謂僚屬士卑不敢（嫌）與君同故使其屬奠不足則取於大功以下不取齊衰者又避大夫之禮也不足則反之者謂設（般）奠時需人多取於大功以下猶不足則使執事者往而復反也公食大夫禮士蓋庶羞先者反之凡喪禮主人皆不親奠吳氏澄曰曾子初問自大功之喪始者蓋以斬齊服重必不可執事於人大功稍輕或可與人殯

奠而孔子答之如此則知有服之人但為所服者奠而不可為
他人奠矣

曾子問曰小功可以與於祭乎孔子曰何必小功耳自斬衰以下與
祭禮也曾子曰不以輕喪而重祭乎孔子曰天子諸侯之喪祭也不
斬衰者不與祭大夫齊衰者與祭士祭不足則取於兄弟大功以下者
祭謂虞祔練祥也曾子問已有喪服可與於他人之喪祭而孔
子復言可為所為服者之祭喪以荅之也天子之喪無不斬衰
者諸侯則有之若寄公國賓是也不斬衰者不與祭以羣臣多
足以執事也孔子於喪奠直言奠於喪祭言與祭者蓋喪奠主
人不親而他人執其事喪祭主人親之他人特與之而已也大
夫臣少故斬衰以外又取齊衰〻者〻亦齊衰者與祭若齊衰者
不足又取兄弟大功以下也吳氏澄曰曾子疑小功又輕於大

功或可與他人之喪祭而孔子答之如此則知但得為所服者
祭而不得與人他喪祭矣[illegible]為虞亦哭孔疏云知非
練祥者士練祭時大功服已除天子諸侯之祭則得兼練祥其
說非也大功以下但據其本服言之初不嫌已除服而與于喪
祭也若大夫士之練祥必服未除者乃得與祭則得與於祭者
甚寡必不足以執事矣

曾子問曰相識有喪服可以與於祭乎孔子曰緦不祭又何助於人
喪服謂緦也與於祭謂與於相識之吉祭也上文曾子兩問而
孔子不喻故此特言相識以明所問者非謂其所為服者也吉
凶不相干已有緦服不得自祭宗廟況他人之祭乎吳氏澄曰
曾子疑緦麻更輕於小功或得與所識者吉祭而孔子以不可
答之以上三問論喪服則先大功次小功次緦麻由重而漸輕

十一

據元本補

於為人則先殯奠次喪祭次吉祭由凶而漸吉也○熊氏以祭為虞祔謂身有同宮緦服不得為父母虞祔卒哭祭天子諸侯臣妾死於宮中雖無服亦不得為父母虞祔卒哭祭其說亦非也如雜記三年之喪既顈其練祥皆行言練祥而不言虞祔蓋虞以安神祔以適祖其祭皆不可以久稽雖值三年之喪亦不過既殯而祭耳況其輕焉者乎雜記將祭而同宮臣妾死既葬而祭亦謂練祥之祭非虞祔也雖大夫士亦必不以同宮臣妾之末葬輟其父母之虞祔況天子諸侯乎若謂身有緦服不得為練祥之祭雖若可通然此惟同宮緦為然若以喻身有緦服不得與於他人之祭則義不相當故此節所言之祭皆當為吉祭無疑也

曾子問曰廢喪服可以與於饋奠之事乎孔子曰說衰與奠非禮也以擯相可也說湯活反相息亮反

當依疏作助奠

鄭氏曰說衰與奠非禮者執事於人之神以其忘哀疾也孔氏曰曾子不問吉祭而問饋奠[illegible]祭言其月吉祭禮輕吉凶不相干決其不可饋奠是他人之重者已又新始說衰凶事相因疑得助祭故問之也愚謂廢喪服謂新除父母之喪也新除喪不可與他人饋奠者以己尚未吉祭故不可執事於人之鬼神也擯相猶可以其非所以接神故也吳氏澄曰可者畧許而非深許之辭則不若并擯相不為之為得也詳酌人情禮意緦功之喪踰月可與人祭齋斬之喪則須已行吉祭畢乃可為人執事也

十二

○曾子問曰昏禮既納幣有吉日女之父母死則如之何孔子曰壻使人弔如壻之父母死則女之家亦使人弔父喪稱父母喪稱母父母不在則稱伯父世母壻已葬壻之伯父致命女氏曰某之子有父母

之喪不得嗣為兄弟使某致命女氏許諾而不敢嫁禮也壻免喪女之父母使人請壻弗取而后嫁之禮也女之父母死壻亦如之取七住反

鄭氏曰吉日取女之吉日必使人弔者未成兄弟也父喪稱父母喪稱母禮各以其敵者也父使人弔之辭云某子聞某之喪某子使某如何不淑母則若云宋蕩伯姬聞姜氏之喪伯姬使某如何不淑凡弔辭一耳愚謂壻不親弔者以未成昏姻親弔則難為辭也致命者前已卜日以告於女家女家許之今既未得取故致還其命也兄弟者昏姻之稱也喪服傳曰小功以下為兄弟壻為外舅小功舅報服緦故曰兄弟不敢嫁者不敢遽嫁女與之也免喪壻猶弗取者餘哀未忘不欲汲汲於昏也而后嫁之者蓋女之家擇日以告壻而不俟其親迎也士昏禮有若不親迎之禮蓋謂此也蓋壻弗取者所以盡人子之心女

之父母嫁之者所以赴嘉會之期也羅氏欽順曰壻弗取免喪之後不忍遽從吉也而后嫁故曰二十三年而嫁也

○曾子問曰親迎女在塗而壻之父母死如之何孔子曰女改服布深衣縞總以趨喪女在塗而女之父母死則女反迎魚敬反下同縞古老反總音摠

鄭氏曰布深衣縞總婦人始喪未成服之服女反奔喪服期孔氏曰改服改嫁時之服嫁服士妻褖衣大夫妻展衣卿妻鞠衣也深衣衣裳相連前後深邃縞白絹總束髮者女子在室爲父箭笄髽衰三年父卒爲母亦三年今既在塗非復在室故知服期於時女亦改服布深衣縞總反而奔喪也愚謂深衣皆不言布此特言布者蓋婦人之服皆深衣之制也元綃衣以上則用帛矣故特言布以別之斬衰總六寸齊衰總八寸婦爲姑舅期則縞總八寸也儀禮舅姑承子以授壻而夫婦之義自此始故

男當作母

在塗而反為其父母降服期○郭子從問曾子問女在親迎女在塗而壻之父母死如之何孔子曰女改服布深衣縞總以趨喪開元禮除喪之後束帶相見不行初昏之禮趨喪後事皆不言之何也朱子曰趨（趨）喪之後男居外次女居內次自不相見除喪而後束帶相見於是而始入御開元之制必有所據矣○葉味道問今有男就成於女家久而未歸若壻之父男（母）死女之本喪如之何若女之父母死其女之制服如之何朱子曰此乃原頭不是且放在塗之禮行之可也然既嫁則服自當降既除而歸夫家耳

如壻親迎女未至而有齊衰大功之喪則如之何孔子曰男不入改服於外次女入改服於內次然後即ニ口哭曾子問曰除喪則不復昏禮乎孔子曰祭過時不祭禮也又何反於初（下文過古卧反）

女改下當有服字

鄭氏曰不聞喪即改服者昏禮重於齊衰以下祭過時不祭重喻輕也同牢反饋饗相飲食之道引之曰男壻也不入大門改服深衣於門外之次女謂婦也入大門改服深衣於門内之次即位而哭謂於壻家為位也皇氏以為就喪家為位祭祀是奉事鬼神故為重昏禮是生人相燕飲故為輕重者尚廢輕者廢可知也愚謂齊衰大功之喪者於男為齊衰則于女為大功也於男為大功則於女為小功也此聞喪不為昏禮則昏禮非重於齊衰大功不即改服者所以降於父母舅姑之喪也齊衰大功之喪有同門不同門而奔喪皆必至喪所男改服於門外者改服於所奔者之大門外也婦人奔喪入自闈門女改於門内者改服於所奔者闈門之内也既改服乃入至喪所與在家者皆即位而哭也嘉禮輕於吉禮祭過時不祭則昏禮可知故曰

十四

又何反於初然則婦可以不見舅姑乎曰齊衰大功之喪婦與
舅姑皆即位而哭是見已喪事重則於嘉事不得不略也○熊
氏安生曰此謂在塗聞齊衰大功若婦已揖讓入門内喪則廢
外喪則行昏禮約上冠禮之文孔氏曰不問小功者小功輕待
昏禮畢乃哭耳愚謂熊氏言行昏禮者謂行同牢合卺之禮然
後改服即位而哭其次日見舅姑盥饋饗婦之禮則不復舉也
若小功在塗聞喪者其禮蓋亦如此與

○孔子曰嫁女之家三夜不息燭思相離也取婦之家三日不舉樂思
嗣親也三月而廟見稱來婦也擇日而祭於禰成婦之義也釋文離力智反
不息燭謂不能寢也嗣親則親有代謝之義人子之所不忍言
也三月而廟見稱来婦者昏禮厥明賛見婦於舅姑若舅姑没
則三月而見於廟奠菜於舅姑其祝辭曰某氏来婦敢奠嘉菜

於皇舅某子也擇日而祭於禰謂擇吉日而奠菜也婦見於舅姑乃成為婦賈氏公彥曰若舅没姑存則當時見姑三月亦廟見舅若舅存姑没婦人無廟可見或更有繼姑自當如常禮也愚謂賈氏謂姑没有繼姑當見繼姑固也然於没者不見於人情亦恐未安且如夫為前姑所生尤不可但見繼姑而已也婦人之先夫而死者雖無廟而祭之於寢則婦就寢而奠菜與○孔氏謂庶婦不廟見非也士昏禮於奠菜祭行之後别言庶婦之禮云若庶婦則使人醮之婦不饋其異於適婦者止此則其餘禮皆如適婦矣蓋供養主於適婦故庶婦不盥饋若廟見所以代厥明之見與盥饋殊義庶婦於舅姑存者未嘗無厥明之見特醮而不醴耳舅姑没亦必廟見可知至三月祭行則適婦為祭主而庶婦不過列於内賓宗婦之班此則與適婦盥饋庶

婦不盥饋同義若廟見自與祭禮不同未可以庶婦不得主祭疑之也

○曾子問曰女未廟見而死則如之何孔子曰不遷於祖不祔於皇姑壻不杖不菲不次歸葬於女氏之黨示未成婦也（釋文）菲一本作扉扶畏反

鄭氏曰遷朝廟也壻雖不備喪禮猶為之服齊衰也孔氏曰反葬於女氏之黨故其柩不朝於壻之祖廟祔祭之時又不得祔於皇姑廟也壻為妻合服齊衰杖而菲屨及止哀次今未廟見而死其壻不杖不菲不次惟服齊衰而已其女之父母則為之服降大功以其非在家壻為之服齊衰期非無主也愚謂壻不杖不菲不次為未成婦殺其禮也歸葬於女氏之黨亦不祔於皇姑之意也

○曾子問曰取女有吉日而女死如之何孔子曰壻齊衰而弔既葬而

除之夫死亦如之

鄭氏曰既葬而除以未有期三年之恩也女服斬衰孔氏曰所以既葬而除者以壻於女未有期之恩女於壻未有三年之恩

曾子問曰喪有二孤廟有二主禮與孔子曰天無二日土無二王嘗禘郊社尊無二上未知其為禮也與音餘

尊無二上者言所祭雖衆而所尊者則一而已嘗禘合食羣主而所尊者惟太祖郊祭及日月三望而所尊者惟上帝社祭及四方而所尊者惟后土也

十六

昔者齊桓公亟舉兵作偽主以行及反藏諸祖廟廟有二主自桓公始也亟起吏反

鄭氏曰偽猶假也舉兵以遷廟主行無則主命為偽主非也孔氏曰亟數也作假主以行而反藏於祖廟故有二主也

喪之二孤則昔者衛靈公適魯遭季桓子之喪衛君請弔哀公辭不得命公為主客入弔康子立於門右北面公揖讓升自東階西鄉客升自西階弔公拜興哭康子拜稽顙於位有司弗辨也今之二孤自季康子之過也鄉許亮反

鄭氏曰辨猶正也若康子者君弔其臣之禮也隣國之君弔君為之主主人拜稽顙非也當哭踊而已孔氏曰二主行來已久故云自桓公始康子正當孔子之時未知後代行之以否但見當時失禮故云自康子之過愚謂諸侯於隣國之臣尊卑既異情分又疎其弔其喪者乃因其君而及之故其君為主拜賓惟其情之稱而已喪禮拜賓者惟主喪一人今哀公既拜康子又拜是有二孤也哀公乃桓子之君而曰孤者以喪禮主人拜賓今哀公拜賓是有為喪主之義二孤猶曰二主云爾案春秋哀

公三年秋季桓子卒時衛君為出公而非靈公又無適魯之事此記所言疑也

曾子問曰古者師行必以遷廟主行乎孔子曰天子巡守以遷廟主行載于齊車言必有尊也今也取七廟之主以行則失之矣〔守手又反齊側皆反本亦作齋〕

鄭氏曰齊車金輅皇氏侃曰遷廟主謂新遷之主愚謂遷廟主多莫適載焉宜奉其近者而載之故知為新遷廟之主也金輅王乘之以朝覲會同鄭氏齊僕注云王將朝覲會同必齊所以敬宗廟及神明故金輅曰齊車載遷主必以金輅者巡守即會同也會同乘金輅故載遷主亦以金輅象其生時之所乘也取七廟之主以行者謂於七廟中取一主以行非謂並載七廟之主也後世不知載遷廟之禮故取七廟之主以行又以廟不可無主故又別作一主以行此偽主之所由來也

嘗七廟五廟無虛主虛主者惟天子崩諸侯薨與去其國與祫祭於祖為無主耳吾聞諸老聃曰天子崩國君薨則祝取羣廟之主而藏諸祖廟禮也卒哭成事而后主各反其廟君去其國大宰取羣廟之主以從禮也祫祭於祖則祝迎四廟之主主出廟入廟必蹕老聃云

祫音洽聃他甘反從才用反蹕音畢

鄭氏曰老聃古壽考者之號也與孔子同時藏主於祖廟象有凶事者聚也卒哭成事先祔之祭名也去國取廟主以從者凡神依人者也孔氏曰卒哭明日新主祔祭於祖故祖主先還入已廟也主出入當蹕止行人若主出入大廟中則不蹕以壓於尊也祫祭是祝之所掌故祝迎四廟之主去國非祭祀之事故大宰取羣廟之主以從天子祫祭則迎六廟之主今言迎四廟舉諸侯言之也出廟謂出已廟往大廟入廟謂由大廟還入已

諸按本注補

按主出入以下廿三字原稿移置于下此處失於刪削

廟也主出入當蹕止行人若主出入大廟中則不蹕以壓於尊也若有喪及去國無蹕禮也主天子一尺二寸諸侯一尺○問老子云禮忠信之薄而乱之首孔子又却問禮於他不知何故朱子云他曾為柱下史故禮自是理會得所以與孔子說得如此好只是他又說這做物事不用得亦可一似聖人用禮時反多事所以如此說

曾子問曰古者師行無遷主則何主孔子曰主命問曰何謂也孔子曰天子諸侯將出必以幣帛皮圭告于祖禰遂奉以出載于齊車以行每舍奠焉而后就舍反必告設奠卒斂幣玉藏諸兩階之間乃出蓋貴命也舍並如字

無遷主謂天子則始祖在七世以内諸侯則大祖在五世以内也主命者受命而出而遂以為主但主其命而無主也凡告用

牲幣於所主命者則加以皮圭而奉幣帛皮圭以出但言以幣帛皮圭告於祖禰不言牲者惟據所奉以出者言之也文王世子曰其在軍則守於公禰覲禮侯氏裨冕釋幣於禰此皆據無遷主而主命者言之然則主命之禮蓋主禰廟亦受命于禰之義薫言祖禰者因禰而及祖且容父有故不得立而受國於祖者也舍謂館舍每日至館舍必設脯醢之奠於齋車而後就舍禮神而後即安也貴尊也謂尊祖禰之命孔氏曰在路不可恒設牲牢奠以脯醢而已○鄭氏曰所告而不以出即埋之孔氏曰皇氏云謂有遷主者直以幣帛告神而不將幣帛以出即埋之兩階之間無遷主者加之以皮圭告於祖禰遂奉以出熊氏以為每告一廟以一幣玉告畢將所告遠祖幣玉載之而去若近者祖幣玉不以出者即埋之反時以所載幣玉告於遠祖事畢

據本疏改

埋於遠祖兩階間其近祖以下直告祭而已不陳幣玉也愚謂鄭氏之言所以補記文之所未備而皇氏熊氏各以其意申之皇氏謂有遷主則載遷主而幣帛不以出故即埋之熊氏謂所告之廟而不主其命者則其幣帛不以出故即埋之二者皆禮之所有其義相兼乃備但告用皮圭惟所主命之廟則有之而熊氏謂每廟用幣玉主命者主于祖禰而熊氏謂以所告遠祖幣玉載之而去告反重於告出而熊氏謂近祖以下反時無幣則其說皆非是又前章云凡告用牲幣反亦如之鄭氏見此章言幣帛皮圭而不言牲故破牲幣為制幣而諸家於告出告反之禮亦皆不言有牲然以舜典王制考之則告禮有牲此章不言牲者蓋以主命之禮所奉以出者惟幣帛皮圭牲非所奉以出者故畧而不言耳謂告禮無牲非也

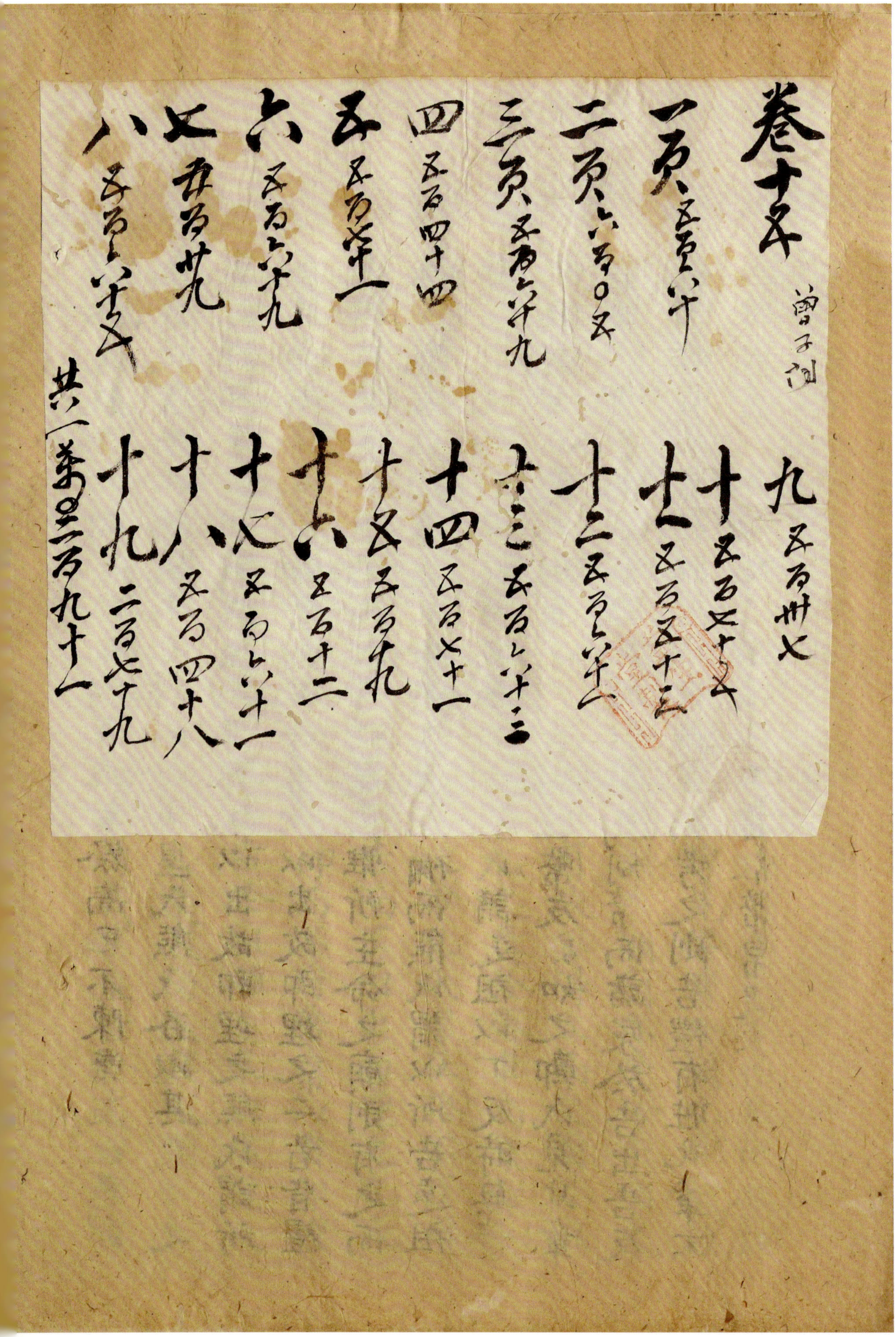

卷十五　曾子問
一頁五百六十
二頁六百〇五
三頁五百六十九
四　五百四十四
五　五百五十一
六　五百六十九
七　五百廿九
八　五百六十五
九　五百卅七
十　五百七十五
十一　五百五十三
十二　五百五十八
十三　五百六十二
十四　五百七十一
十五　五百九
十六　五百十二
十七　五百六十一
十八　五百四十八
十九　二百七十九
共一萬二百九十八

卷十九

九月初七八日鏘鳴校過

校釋文補

禮記卷十九

曾子問第七之二

瑞安孫希旦集解

子游問曰：喪慈母如母，禮與？孔子曰：非禮也。古者男子外有傅，内有慈母，君命所使教子也，何服之有？昔者魯昭公少喪其母，有慈母良，及其死也，公弗忍也，欲喪之。有司以聞，曰：古之禮，慈母無服，今也君為之服，是逆古之禮而亂國法也。若終行之，則有司將書之以遺後世，無乃不可乎？公曰：古者天子練冠以燕居。公弗忍也，遂練冠以喪慈母。喪慈母，自魯昭公始也。少、喪，皆去聲。遺，如字，又于季反。〔釋文〕如字，讀若亦息浪反。

慈母有二：一則妾之無子者、妾子之無母者，父命之為母子，此則大夫士之子為之皆如其母，父在則大夫之子大功，士之子期，父沒皆三年，喪服齊衰三年章云「慈母如母」是也。若為父後者，則服緦。天子諸侯之子為其母，父在則練冠麻衣縓緣，既葬

元本作君子子此以意改之非是

作曾子誤

除之父沒大功則其為慈母亦然一則內則曰擇於諸母與可者必求其寬裕慈惠溫良恭敬慎而寡言者使為子師其次為慈母此則大夫士之子為之小功喪服小功章君之子為庶母慈己者是也天子諸侯之子則不服曾子所問蓋謂人君於庶母慈己者而以其母之服服之也故孔子以君命所使教子告之言與命為母子者異也練冠以燕居庶子為君為其母之服也大夫士之子父在為其母或期或大功為父後者降而服緦人君之子父在為其母練冠縓緣既葬除之在五服之外則其為父後者不可以復降故但如其父在之服以服之然燕居則練冠出則否蓋不敢以私喪廢國家之禮則亦視其父在而畧降之也昭公為慈母練冠則是以其母之服服之矣不知此服但可施於命為母子之慈母而不可施於君命教子之慈母也

故曰喪慈母自昭公始也然此稱練冠以居之制而曰古者蓋春秋時庶子為君者皆以小君之禮服其母而練冠之制已不復行矣鄭氏曰昭公年三十乃喪齊歸又無慼容是不少又安能不忍於慈母此非昭公明矣未知何公孔氏曰家語云孝公有慈母良鄭云不知何公㳂見家語故也

○曾子問曰諸侯旅見天子入門不得終禮廢者幾孔子曰四請問之曰大廟火日食后之喪雨露[霑]服失容則廢如諸侯皆在而日食則從天子救日各以其方色與其兵大廟火則從天子救火不以方色與兵（釋文：幾，居起反；霑，竹廉反）

鄭氏曰旅衆也大廟祖始廟宗廟皆然主於始祖耳各以方色與兵示奉時事有所討也方色者東方衣青南方衣赤西方衣白北方衣黑兵未問[聞]也愚謂日食有定可以預推此云揖讓入

門乃為日食廢禮者古時律法疎也漢建安中將正會而太史上言正旦當日蝕朝士疑會否時廣平計吏劉卲在坐曰梓慎裨竈古之良吏猶推水火錯失天時諸侯旅見天子入門不得終禮者四日蝕其一然則聖人垂制不為變異豫廢朝禮者或災消異伏或推術謬誤也朝位在庭故雨則廢救日用兵者蓋以示助陽討陰與伐鼓於社同義周禮庭氏掌射天鳥若不見其鳥獸則以救日之弓與救月之矢射之

曾子問曰諸侯相見揖讓入門不得終禮廢者幾孔子曰六請問之曰天子崩大廟火日食后夫人之喪雨露服失容則廢

鄭氏曰夫人君之夫人

曾子問曰天子嘗禘郊社五祀之祭簠簋既陳天子崩后之喪如之何孔子曰廢

鄭氏曰既陳謂夙興陳饌牲器時也孔氏曰下文云當祭而日食則此簠簋既陳明是祭前也前文云天子崩后之喪與日食大廟火其禮皆同則此簠簋既陳日食大廟火亦同也

曾子問曰當祭而日食大廟火其祭也如之何孔子曰接祭而已矣如牲至未殺則廢

此祭謂祭外神也若祭宗廟而大廟火則廢祭不待問矣接祭謂以祭禮一接於神以致其祭祀之意而不復行餘禮也祭外神之所以牲已殺必祭者以其已降神故也祭天神以燔燎降神祭地以瘞埋社稷以血祭山林川澤以貍沈四方百物以疈辜此皆於殺牲後行之神既降則不可不祭矣牲未殺則未降神故可廢若當祭而天子崩后之喪外神已殺牲亦接祭内神則廢與

天子崩未殯五祀之祭不行既殯而祭其祭也尸入三飯不侑酳不酢而已矣自啓至於反哭五祀之祭不行已葬而祭祝畢獻而已

釋文飯扶晚反侑音又酳仕覲反酢才各反

孔氏曰天子諸侯祭禮既亡今儀禮惟有大夫士祭禮按特牲饋食禮尸入三飯告飽祝侑尸至九飯畢少牢饋食尸食十一飯畢士九飯大夫十一飯則諸侯十三飯天子十五飯也又按特牲禮尸九飯畢主人酌酒酳尸尸飲卒爵酢主人主人受酢飲畢酌獻祝祝飲畢酌獻佐食今約此而說天子五祀之祭初崩哀戚未遑祭祀故五祀之祭不行既殯而祭者五祀外神不可以私喪久廢其祭故既殯哀情稍殺而祭也但不得純如吉禮理須降殺故迎尸入奧之後尸三飯告飽則止祝不勸侑使滿常數也冢宰攝主酌酒酳尸尸受卒爵不酢攝主而已者謂

惟行此而已不為餘事也若啟殯以後反哭以前哀摧更甚故
五祀之祭不行已葬反哭畢而祭但既葬彌吉尸入三飯之後
祝侑尸至十五飯畢攝主酳尸尸飲卒爵而酢攝主攝主飲畢
酌獻祝祝受飲畢則止無獻佐食以下之事也鄭氏曰郊社亦
然惟嘗禘宗廟俟吉也愚謂未殯之前諸祭皆廢既殯則外神
皆祭王制言天地社稷越紼行事此言五祀既殯而祭各舉尊
卑一偏言之其實外神無不祭也在喪而祭者皆使人攝之特牲
按少牢句當有而字
禮尸食九飯而畢少牢禮尸食十一飯而畢鄭氏云士九飯大夫
十一飯則其餘有十三飯十五飯也蓋謂諸侯祭宗廟當十三
飯天子祭宗廟當十五飯若天子諸侯所祭之外神則當視其
神之尊卑以為飯數之多寡非天子所祭皆當十五飯也此言
殯後祭五祀尸入三飯不侑酳不酢則常禮當三飯而侑飯畢

而獻尸與特牲祭禮同，蓋五祀神卑故也。疏乃謂侑尸至十五飯同天子之禮，誤矣。

曾子問曰：諸侯之祭社稷，俎豆既陳，聞天子崩、后之喪、君薨、夫人之喪，如之何？孔子曰：廢。自薨比至於殯，自啓至於反哭，奉帥天子。（釋文：比，必利反）

帥，循也。自薨比至於殯，自啓至於反哭，此謂君薨、夫人之喪也。奉循天子者，言亦如天子之於五祀，既殯而祭，既葬而祭也。若天子崩、后之喪，則赴告之及於諸侯者，不必皆在殯前，蓋於赴告至日斷為七日之限，以為祭行之節也。諸侯社稷之祭奉帥天子，則五祀可知。

曾子問曰：大夫之祭，鼎俎既陳，籩豆既設，不得成禮，廢者幾？孔子曰：九。請問之。曰：天子崩、后之喪、君之薨、夫人之喪、君之大廟火、日食、三年之喪、齊衰、大功，皆廢。外喪自齊衰以下行也。其齊衰之祭也，尸入

三飯不侑酳不酢而已矣大功酢而已矣小功緦室中之事而已矣
士之所以異者緦不祭所祭於死者無服則祭
祭謂祭宗廟也外喪謂不同門者酢而已矣者祝侑尸至十一
飯畢主人獻尸尸酢主人而止也此皆謂齊衰大功之外喪也
室中之事而已者少牢饋食禮主人主婦賓長獻尸皆在室既
祭而賓尸則在堂今以殺禮但於室中行祭禮而不復賓尸也
上云齊衰大功廢不云小功緦則雖同宮不廢祭此云小功緦
室中而已兼謂小功緦之内外喪也大夫無緦服小功之服降
為緦服亦不復服此緦小功據其本服而言蓋雖不為之服而
當祭聞喪猶為之殺禮也士緦不祭則小功可知所祭於死者
無服者如為庶母緦妾有子亦緦若祭禰廟則庶母死所祭者
有服妾死所祭者無服也此皆謂門内緦喪若外喪則齊衰以

下皆祭而其降殺之節亦如大夫不言者蒙上可知也其緦小功之祭則賓長獻尸尸飲卒爵酢賓又獻祝及佐食而祭止而無主人主婦相為致爵之事與孔氏曰雜記云臣妾死於宮中三月而後祭此內喪緦麻不廢祭者此謂甥姐既陳臨祭之時故不廢也若不當祭時則不祭所祭於死者無服鄭氏謂若舅舅之子從母兄弟非也士緦不祭亦謂內喪耳士門內緦喪廢祭若與所祭者無服則仍祭若外喪則齊衰以下皆祭矣豈論其於死者有服無服乎

○曾子問曰三年之喪弔乎孔子曰三年之喪練不羣立不旅行君子禮以飾情三年之喪而弔哭不亦虛乎

鄭氏曰不羣立旅行為其苟語忘哀也三年之喪而弔哭為彼哀則不專於親為親哀則是妄弔愚謂飾猶表也有是情而後

以禮表之故曰禮以飾情三年之喪為已哀之不暇而遑為人哀乎乃從而弔哭則是無是情而虛行弔禮也

曾子問曰大夫士有私喪可以除之矣而有君服焉其除之也如之何孔子曰有君喪服於身不敢私服又何除焉於是乎有過時而弗除也君之喪服除而後殷祭禮也

鄭氏曰重喻輕也君之喪服除而後殷祭謂主人也支子則否

孔氏曰成服為重始除服為輕末在親始重之日尚不獲伸況輕末之時乎故云又何除焉殷祭謂大小二祥也禘祫曰殷祭大小二祥變除之大祭故亦謂之殷祭此謂適子仕宦者故二祥待君服除而後行若支子仕宦雖不得除私服而其家適子已行祥祭庶子不復追祭愚謂可以除之者謂小祥之後將反大祥之期也此殷祭謂大祥也君喪除而後殷祭者凡變除之

祭必服其除後之服以祭君服未除則不可以行親喪大祥之祭也若未練而遭君喪則親喪練祥之祭亦各於君喪練祥之後行之如此則雖不除親喪而其練祥之祭與變除之服亦悉得相應矣

曾子問曰父母之喪弗除可乎孔子曰先王制禮過時弗舉禮也非弗能勿除也患其過於制也故君子過時不祭禮也

曾子以有君喪不敢私服則聞君喪之後其服皆主於君而親喪實則未畢故欲於君服既除之後弗除親喪而追服之也孔子答以祭過時弗祭則親喪之已過者無追服之之禮也

○曾子問曰君薨既殯而臣有父母之喪則如之何孔子曰歸居于家有殷事則之君所朝夕否

君喪既殯而遭親喪則當歸治喪事也不曰歸殯而曰歸居則

歸喪既殯亦在家可知矣殷盛也殷事謂月朔薦新之奠視朝夕奠為盛也若父母之喪既殯而有君喪則之君所君喪既殯而歸其禮亦如此與

曰君既啟而臣有父母之喪則如之何孔子曰歸哭而反送君

鄭氏曰言送君則既葬而歸也歸哭者服君服而歸不敢私服也孔氏曰既葬而歸者不待君之虞祭也愚謂疏謂不待虞祭不待葬日之虞也人君五虞其虞與卒哭祔祭在親喪既殯之後者則當之君所若親喪既啓而有君喪則往哭而歸葬葬畢而居君所值父母虞祔卒哭之祭則歸大夫士三日而殯此君喪既啓而有父母之喪歸哭而反送君則殯親固在君葬之後矣以此見人君啟殯至葬不遠而舊説謂諸侯之葬朝廟六日而徧天子朝廟八日而徧者其不然決矣

曰君未殯而臣有父母之喪則如之何孔子曰歸殯反于君所有殷事則歸朝夕否大夫室老行事士則子孫行事大夫內子有殷事亦之君所朝夕否

歸殯反於君所者人君五日而殯其殯在親之後也反於君所為殯君也君已殯則歸居於家有殷事則之君所朝夕否若父母之喪未殯而有君喪則往哭而反殯親亦既殯反於君所也鄭氏曰內子大夫適妻也內子有殷事亦之君所朝夕否謂君之喪既殯而有舅姑之喪者妻為夫之君如婦為舅姑服齊衰孔氏曰舉此一條婦同於夫則君既啟及君既殯而有舅姑之喪其禮悉同夫也○君以義制親以恩制其隆一也然君之喪臣之所共襄親之喪子之所獨盡故此上三條言並遣君親之喪而於士亦並隆者權乎其已殯未殯以為緩急輕重之節使恩

與義得以交盡而無憾禮之即乎人心如此

○賤不誄貴幼不誄長禮也惟天子稱天以誄之諸侯相誄非禮也誄力水反長竹丈反

鄭氏曰誄累也累列生時行迹誄之以作謚謚當由尊者成天子無尊焉春秋公羊說以為讀誄制謚於南郊若受之于天然諸侯禮當言誄于天子天子乃使大史賜之謚孔氏曰非但賤不誄貴即平敵相誄亦為不可君薨請謚世子赴告於天子天子遣大夫會葬而謚之周禮大史職云小喪賜謚小喪謂卿大夫知諸侯亦然徐氏師曾曰謚由尊者成一則以分之所在不可擅操榮辱之權一則以情之所在恐其雜於虛美之私此義行名分正美惡當矣愚謂此章不言問答又不云孔子曰疑上有脫文

○曾子問曰君出疆以三年之戒以椑從君薨其入如之何孔子曰共殯服則子麻弁絰疏衰菲杖入自闕升自西階如小斂則子免而從

柩入自門升自阼階君大夫士一節也釋文疆居良反椑薄歷反共音恭免音問

三年之戒謂喪備也椑親身棺也君出必以親身棺從是以喪備行也殯服大斂至殯時所服之服共者於在外大斂時共之遂服之以從柩也在家遭喪者大斂與殯相連為之故大斂之服即殯服今大斂在外雖未殯而已服殯服即下麻弁絰疏衰菲杖是也麻小斂時所服未成服之麻首絰大鬲帶散垂至大斂而無變者也弁絰皮弁而加首絰也疏麤也麤衰即斬衰也菅蒯之屨謂之菲此謂斬衰之菅屨也杖者為已病也弁而疏衰菲杖此人君大斂之服異於士者也疏衰菲杖至成服皆不改其服之未成者首尚素皮帶猶未絞耳入自闕升自西階皆所以異於生也小斂則免而從柩者小斂時主人括髮此以行遠不可以無飾故不括髮而免也不言其服者人君小斂之

弁而疑當作弁絰

素皮疑皮弁二語下文再見

服與士同以其可知故畧之也喪大記曰君之喪三日授子杖謂死後之三日乃小斂之明日此尚在小斂日故不杖也入自門升自阼階者形體猶在猶以生人之禮待之也凡以柩入者皆入自闕升自西階以尸入者皆入自門升自阼階君大夫士一節者謂已小斂則服小斂之服已大斂則服大斂之服及其所入之處所升之階其禮皆同也鄭氏曰子麻弁絰疏衰菲杖者棺柩未安不忍成服於外也○鄭氏云殯服謂布深衣苴絰散帶垂殯時主人所服麻弁絰者布弁而加環絰案上云共殯服而下言麻弁絰疏衰菲杖上言小斂而下言免免即小斂之服則麻弁絰疏衰菲杖即殯服也鄭分殯服與麻弁絰疏衰菲杖為二誤矣且布深衣始死已服之苴絰散帶小斂時已服之不可謂之殯服初喪變服自輕而重若疏衰從柩至殯又服布

九

深衣反自重而輕有是理乎至雜記小斂環絰所謂絰即苴絰也鄭氏以為弔服之環絰尤誤之甚者說詳雜記○喪大記人君五日既殯成服此大斂即疏衰菲杖何也曰士之殯期近故小斂而苴絰散帶既殯而成服人君殯期遠故小斂而苴絰散帶三日而杖大斂而弁絰疏衰菅屨既殯而成服大斂之服雖苴絰疏衰菲杖悉與成服後同而首酋皮弁帶猶未絞則服猶未成至殯後絞其帶垂首加六升布之服弁乃為成服耳若以大斂遽疏衰菅屨為疑則士之苴絰大鬲小斂時已服之至殯後亦無以異也且此言殯服有杖與喪大記三日授子杖合殯服弁絰與喪大記君將大斂子弁絰即位于序端合杖與弁絰既為人君大斂之服則疏衰菲屨為大斂之服可知蓋天子諸侯喪禮與士禮不同故孟子以為未嘗學正謂此等也

〇曾子問曰君之喪既引聞父母之喪如之何孔子曰遂既封而歸不俟子釋文引以刃反封彼驗反下並同音窆

鄭氏曰遂遂送君也封當為窆窆子嗣君也孔氏曰若待封壙既畢必在子還之後今云不俟子故知封當為窆非封壙也黄氏應暘曰前云君既啟啟後避日而行故得歸哭此言既引則既行矣故不得歸哭而遂往

曾子問曰父母之喪既引及塗聞君薨如之何孔子曰遂既封改服而往

鄭氏曰封亦當為窆改服括髮徒跣布深衣扱上衽不以私喪包至尊也孔氏曰禮親始死笄纚小斂乃始括髮今有父母之喪奠在於塗首先服免忽聞君喪若著其笄纚則與尋常同故括髮臣無先括髮之理此既改服始死之服自當笄纚耳父母

愚謂喪服未有不俟主人而先變者始死主人尚未括髮

之葬服斬衰可改而深衣何不可并纚之有

曾子問曰宗子為士庶子為大夫其祭也如之何孔子曰以上牲祭於宗子之家祝曰孝子某為介子某薦其常事祝皇之六反舊之又反下同為于偽反

鄭氏曰貴祿重宗也上牲大夫少牢介副也不言庶使若可以祭然孔氏曰用大夫之牲是貴祿宗廟在宗子之家是重宗此宗子謂小宗也若大宗子為士得有祖禰二廟也若庶子是宗子親弟則與宗子同祖禰得以上牲於宗子之家而祭祖禰也庶子為大夫得祭曾祖廟而庶子不合立廟當寄曾祖廟於宗子之家亦以上牲宗子為祭也若已是宗子從父庶兄弟父之適子則於其家自立禰廟其祖及曾祖廟亦於宗子之家寄立之若已是宗子從祖庶兄弟父祖之適則立祖禰廟於已家亦寄立曾祖之廟於宗子之家並供上牲宗子為祭也孝子謂宗子

牲上當依疏有上字

也某是宗子之名介子謂庶子為大夫者介副也某是庶子名
也庶子卑賤之稱介是副介之義故稱介子使若可以祭然愚
謂此稱孝子介子據祭禰廟言之也若祭祖廟則曰孝孫介孫
若宗子有罪居於他國庶子為大夫其祭也祝曰孝子某使介子某
執其常事攝主不厭祭不旅不假不綏祭不配布奠於賓賓奠而不
舉不歸肉其辭於賓曰宗兄宗弟宗子在他國使某辭其祭也下本或有如之何
三字非厭本或作饜於豔反假讀為嘏綏注作墮同
墮許垂反徐又況垂反令奴禾反歸如字徐其位反○綏令奴禾反
鄭氏曰不厭祭至不配皆辟正主厭厭飫神也厭有陰有陽迎
尸之初祝酌奠奠之且饗是陰厭也尸謖之後徹薦俎敦設于
西北隅是陽厭也此不厭者不陽厭也不旅不旅酬也假讀為
嘏不嘏不嘏主人也不綏祭謂令主人也綏周禮作墮不配者
祝辭不言以某妃配某氏布奠謂主人酬賓奠觶于薦北賓奠

十一

擬本隋改　按隋是滅毀之名孔疏原兩見阮刻宋本並作滅毀汲古本一作滅毀一作滅毀下祭列物必滅毀從示隋迻云滅疑減當作減形近誤也然此注後文又言隋滅則所據汲古本誠字也姑仍之

謂取觶奠于薦南也此酬之始也奠之不舉正〔止〕旅肉俎也謂與
祭者留之共燕辭猶告也宿賓之辭與宗子為列則曰宗兄若
宗弟昭穆異者曰宗子而已其辭若曰宗兄某在他國使某執
其常事使某辭孔氏曰按少牢饋食司宮筵于奥設饌畢祝酌
奠于鉶南主人西面再拜稽首祝曰孝孫某敢用柔毛剛鬣嘉
薦普淖用薦歲事于皇祖伯某以某妃配某氏尚饗此所謂配
也攝主不敢備禮故不言以某妃配某氏又少牢尸入即席坐
取菹擩〔換〕于醢祭于豆間及祭黍稷肺等是尸綏祭也尸十一飯
訖主人酳尸尸酢主人主人拜受爵佐食取黍稷肺授主人此
是主人綏祭也綏是毀〔滅〕滅之名周禮作墮守祧云既祭則藏其
隋〔隋〕是也又少牢祝與上佐食取黍以授尸尸執以命祝祝受以
東北面設于主人曰皇尸命工祝承致多福無疆于女孝孫比

元本有故字

元本作奠

本疏作衆兄弟与特牲合似當从疏為是

爵字亦當依疏改

按疏改

所謂嘏也攝主辟正主故不敢受嘏凡將受福先為綏祭今攝
主不敢受福不綏祭也按特牲主人獻賓及衆賓訖尊兩壺於
阼階東西方亦如之酌西方之尊以酬賓主人尊爵於賓之薦
北賓取爵而奠之薦南所謂布奠於賓賓奠也主人獻長兄弟
又獻衆賓訖長兄弟加爵於尸衆賓又加爵於尸訖嗣子舉奠
舉奠訖賓坐取薦南之奠酬長兄弟長兄弟酬衆賓衆賓酬衆
兄弟所謂旅酬也今攝主主人奠於薦北賓取奠於薦南而不
舉不為旅酬也旅酬是賓主交歡之始今攝主不敢當正主故
不旅也特牲禮尸起主人降佐食徹尸薦俎設於西北隅所謂
陽厭以其無尸設饌欲神之歆饗而厭飫也攝主不為陽厭謙
退似若神未厭飫然也凡祭皆先祝而配次綏祭次嘏次旅末
十二 乃厭祭今此文乃從祭末以次至祭初以攝主非正故道使之

愚謂大夫祭有賓尸不賓尸二禮賓尸之禮文不賓尸之禮厭祭與旅不賓尸之禮有之蓋攝主不但不行賓尸之禮即不賓尸之禮亦有所不敢備也綏祭祭黍稷肺之名也周禮守祧作墮儀禮古文士虞禮亦作墮又作綏特牲禮三見皆作挼今文士虞特牲並作綏鄭氏皆讀為墮士虞注云下祭曰墮此篇孔疏云墮是墮減之名然凡祭皆下皆墮減不獨黍稷肺也疑此字正當作挼墮者音近而誤綏者形似而誤也挼挼抄也黍稷肺三物一并祭之恐其播散故以手挼抄令其摶聚特牲禮尸嘏主人佐食摶黍稷（挼）尸挼祭亦摶黍之義也綏祭有二一是尸綏祭一是主人綏祭此不綏祭謂主人也其尸則綏祭自如常禮也布奠於賓賓奠而不舉即上文不旅之事也蓋主人酬賓奠于薦北賓取奠於薦南至旅酬則舉之今不行旅酬故奠

于薦南而不復舉也又案特牲禮嗣舉奠訖兄弟弟子酌于東方之尊阼階上舉觶于長兄弟如主人酬賓儀主人酬賓之觶賓所取以酬長兄弟者也弟子所舉之觶長兄弟所取以酬賓者也既不旅酬則弟子舉觶之禮蓋亦不行矣若宗子死則其禮可以如正主稱名不言孝身没而已亦當如下節所云與○鄭氏以迎尸之前祝酌奠為陰厭尸謖之後徹薦俎敦設于西北隅為陽厭陸氏敖氏非之而以陰厭陽厭尊為祭殤之名然此篇言攝主不厭祭則祭末改設之名為厭明矣殤不祔祭何為陰厭陽厭則成人之祭有陰陽二厭亦明矣蓋厭者無尸而以飲食厭神之名祭殤無尸故曰猒祭初之饗神尸未入祭末之改設尸既謖故亦皆曰厭饗神在奧祭宗子之殤亦于奧以其在幽陰之所故皆曰陰厭改設在西北隅祭凡殤亦於西北

隅以其在顯明之處故皆曰陽厭不妨異事而同名也

曾子問曰宗子去在他國庶子無爵而居者可以祭乎孔子曰祭哉請問其祭如之何孔子曰望墓而為壇以時祭若宗子死告於墓而后祭於家宗子死稱名不言孝身沒而已子游之徒有庶子祭者以此若義也今之祭者不首其義故誣於祭也釋文壇大丹反

鄭氏曰子孫存不可以乏先祖之祀不祭於廟無爵者賤遠辟正主言祭於家容無廟也孝宗子之稱不敢與之同其辭但言子某薦其常事身沒而已者至子可以稱孝也以用也用此禮祭也若順也首本也誣猶妄也愚謂庶子無爵而居對上庶子為大夫而言則無爵者兼謂士庶人蓋凡言有爵者皆據為大夫者也宗子尊故不問其為大夫士而惟大夫乃敢攝其祭若士則不敢故望墓而為壇以四時致祭所以遠辟正主周公告

無字疑其

祭此適子適疑作庶

于三王為三壇同墠雖事與此異而無為壇之意則與此同也
告於墓而后祭於家者士則祭於廟庶人則薦於寢也廟寢在
大門之内對墓在外而言故曰家稱名不言孝者宗子在庶子
祭稱介子某宗子既死無可副貳故但稱名而不得稱孝子同
於宗子也沒身而已謂沒庶子之身也此庶子之所祭者其禰
也庶子既死其子即庶子之適子祭此適子固得稱孝子祭此
庶子之禰亦得稱孝孫也蓋族人不可以無宗此子主祖禰之
祭則為族人之所宗即去國宗子之子亦當還宗此子矣若義
謂順於古義徐氏師曾曰子游曰以下非孔子語乃記者記之
以為證〇孔氏曰此宗子去國謂有罪者若其無罪則以廟從
本國不得有廟故鄭註小記云宗子去國以廟從愚謂宗子有
罪去國乃上章之明文無罪去國以廟從則鄭氏之臆說也

十四

必去去疑作無

夫士去國謂之亡曲禮記其禮曰踰竟為壇位鄉國而哭

大夫去其國止之曰奈何去宗廟也士曰奈何去墳墓也自非有罪必去棄宗廟墳墓而越在他竟者故去國則不以廟從蓋不敢以有罪之人主宗廟之祭以辱其祖禰也

曾子問曰祭必有尸乎若厭祭亦可乎孔子曰祭成喪者必有尸尸必以孫孫幼則使人抱之無孫則取於同姓可也祭殤必厭蓋弗成也祭成喪而無尸是殤之也

厭祭謂無尸而以飲食厭神也成喪成人之喪也尸必以孫用所祭者之孫以其昭穆同也取於同姓者尸必適子無父者或近屬不可得則取於族屬之遠者但同姓之人在孫行而昭穆同者則得取以為尸也然此謂祭祖禰以下爾若天子諸侯祭遠祖則但取其廟之所出而昭穆同者以為尸又不必皆孫行

也祭殤必厭者原立尸之義本在用孫而殤未成人無為人父之道已既無孫亦不得取於同姓孫行者也

孔子曰有陰猒有陽猒曾子問曰殤不祔祭何謂陰猒陽猒（祔舊讀付今如字）殤惟祔與除服二祭則止祔附也不祔祭言不得附於宗廟四時之祭也宗廟之祭有尸故其祭初尸未入而饗神曰陰猒祭末尸已謖而改設曰陽猒殤不祔祭而其祔與除服之祭初末嘗有尸則無所為陰陽二猒之分故曾子疑而問之

孔子曰宗子為殤而死庶子弗為後也其吉祭特牲祭殤不舉肺無肵俎無立酒不告利成是謂陰厭（釋文無肺字肵音祈其又忌依反）鄭氏曰宗子為殤而死族人以其倫代之明不叙昭穆立之廟其祭之就其祖而已代之者主其禮卒哭成事之後為吉祭不舉肺以下其無尸及所降也其他如成人舉肺肵俎利成禮之

十五

施於尸者陰厭是宗子為殤祭之於奥之禮小宗為殤其祭
如之愚謂宗子為殤而死謂大宗子為殤而死也喪服斬衰章
為人後者傳曰為後者孰謂後大宗也小宗無子則絕不得立
後庶子弗為後者殤無為人父之道族人来後大宗與殤之父
為後而不與殤為後也言此者明殤既不得以族人為後故不
得以成人之禮祭之也吉祭謂祔祭也凡喪祭自卒哭以後謂
之吉祭殤無卒哭之祭其祔祭準成人之喪則在卒哭之後也
殤有祔與除服二祭祔祭於祖廟除服於寢下節言祭於宗子
之家則此惟據祔祭言之也成人卒哭成事祔用少牢殤用特
牲降於成人也特牲禮尸將食佐食舉肺脊以授尸主人羞肵
俎於腊北肵者敬也主人敬尸之俎祭殤無尸故不舉肺無肵
俎祭設元酒重古之義祭殤禮降故無元酒又特牲禮無奠爵

之後主人出戶外西面祝東面告利成言孝子之利養成畢也今亦以無尸故不告利成也案士虞禮無尸祝祝卒不綏祭無泰羹湆胾從獻祭殤無尸其禮亦當如之不言無泰羹湆胾從獻蓋文畧耳鄭氏謂他如成人亦為未審也曰陰厭者以其祭之於奥其處幽陰也不言其祭之所者祭于奥乃禮之常不言可知也此節本主為大宗子而言而小宗子為殤而死其祭之之禮亦如此又庶子成人無後其祭與凡殤同若小宗子成人無後不得以族人為後則亦當以殤禮祭之而與宗子之殤同也大宗子之殤族人来後者為之祔小宗子之殤與無後者主其祖之祭者為之祔蓋小宗雖不立後而廟祭不可無主如高祖之適死而無後則其庶昆弟之長者主高祖之祭矣推而下之莫不皆然既主廟祭則収族之責移而屬之殤祔於祖則族

是祖之祭者皆為之祔也其除服之祭則親者主之殤與無後者皆然○孔氏曰熊氏云殤與無後者惟祔與除服之祭則止此言吉祭者惟據祔與除服也庾氏云吉祭通四時常祭若如庾說殤與無後者之祭不知何時休止愚謂熊氏之説甚確小記云殤與無後者從祖祔食蓋殤與無後者既祔於祖自後祭祖之時則欲其神依祖而食故曰從祖祔食實別無殤與無後者之祭也鄭氏解吉祭為卒哭以後之祭是已而又以用特牲為從成人是又以四時常祭言之則誤也殤雖有祔與除服二祭而此所言吉祭則惟據祔祭孔氏謂兼據祔與除服者亦非是又案殤與無後者喪禮不備則無卒哭之祭而虞以安神則其祭不可闕而孔子惟以吉祭為言者蓋虞與除服皆祭於寢宗子凡殤其處不異而祔於祖廟則祭之異其所故陰厭陽厭之

注疏壇作墠

名惟祔祭有之而虞與除服則但有陰厭而無陽厭也

凡殤與無後者祭於宗子之家當室之白尊于東房是謂陽厭

鄭氏曰凡殤謂庶子之適也或昆弟之子或從父昆弟無後者如有昆弟及諸父然則今死者皆宗子大功以內親共祖禰者言祔於宗子之家者為有異居之道也無廟者為壇祭之親者共其牲物宗子皆主其禮當室之白尊于東房異于宗子之為殤當室之白謂西北隅得戶明者也明者曰陽凡祖廟在小宗之家小宗祭之亦然宗子之適亦為凡殤過此以往則不祭也

十七

孔氏曰凡殤謂非宗子之殤無後者謂庶子無子孫為後凡殤有二一是昆弟之子祭之當於宗子父廟二是從父昆弟祭之當於宗子祖廟無後者亦有二一是昆弟無後祭之當於宗子祖廟二是諸父無後祭之當於宗子曾祖之廟愚謂凡殤自宗

子以外凡適庶之殤皆是也無後謂成人而無後者也注疏謂庶殤不祭以凡殤專爲適子之殤非也殤惟祔與除服二祭雜記云男子祔於王父則配女子祔於王母則不配女子未嫁亦未成人者也而祔何以庶子之未成人者不祔乎雜記云有父母之喪尚功衰而祔兄弟之殤則練冠祔可知兄弟之殤不限適庶皆祔矣然則凡殤之内兼有宗子之親昆弟而不止於注疏之所言者矣祭於宗子之家者祔必於祖故於宗子之家就祖廟而祔之諸父無後者祭於曾祖之廟若曾祖無廟則於祖廟祭曾祖而祔之註謂爲壇祔之亦非也室之白謂室之西北隅所謂屋漏也祭凡殤當室之白設席南面蓋堂上之位偏南向者最尊西階上東面者次之室中之位西南隅東面者最尊西北隅南面者次之故士昏禮奠菜席男于廟奧東面席姑

於北方南面凡殤與庶子無後者皆降于宗子故祭之不于奧而於室之白也士虞禮尊于室中北墉下祔祭之設尊盖與此同祭凡殤在西北隅故設尊辟之而在東房也曰陽厭若以祭屋漏乃日光漏入之所其處顯明也無後者之祭亦無尸者盖既無後則不得下叙昭穆而使孫行者為之尸矣祭凡殤與無後者其異於宗子者惟具祭之之所則其所用之牲祭之之禮皆與宗子之殤同也

○曾子問曰葬引至于堩日有食之則有變乎且不乎孔子曰昔者吾從老聃助葬於巷黨及堩日有食之老聃曰丘止柩就道右止哭以聽變既明反而后行曰禮也反葬而丘問之曰夫柩不可以反者也日有食之不知其已之遲数則豈如行哉老聃曰諸侯朝天子見日而行逮日而舍奠大夫使見日而行逮日而舍夫柩不蚤出不莫宿

十八

見星而行者唯罪人與奔父母之喪者乎日有食之安知其不見星也且君子行禮不以人之親痁患吾聞之老聃云釋文堩古鄧反且不之不否通從才用反數音速朝直遙反莫音暮痁始占反。且不之不否通數音速

堩道也有変謂有異禮也巷黨黨名葬於北方柩嚮北行縱全以西為右道右道西也道路男子由右婦人由左車從中央柩行專道令止就道右以避婦人之所行也止哭者為天災変也聽変謂待日食之変也明反謂明復也已止也数讀為速舍奠至館舍而奠行主也柩不蚤出莫宿者懼其近姦慝也罪人見星而行者以夜葬也周禮司烜氏邦若屋誅則為明竁焉賈疏云司烜氏主明火掌夜事掌為明竁則罪人夜葬可知奔（奔皇）曰父母之喪見星而行見星而舍痁病也不以人之親痁患謂不使其見星而行而病於姦慝之患也

元本此處有吳氏澂云荀子禮論篇刑餘罪人之喪不得晝行以昏殣。按此十八字似可分行注于夜葬可知下

○曾子問曰爲君使而卒於舍禮曰公館復私館不復凡所使之國有司所授舍則公館已何謂私館不復也孔子曰善乎問之也自卿大夫士之家曰私館公館與公所爲曰公館公館復此之謂也釋文爲君于僞反又如字

鄭氏曰復始死招寬也公館若今縣官舍也公所爲君所命使舍己者孔氏曰私館者謂非君命所使私相停舍謂之私館公館謂公家所造之館及與也公所爲者君所命停客之處即是卿大夫之家但有君命故謂之公館○方氏慤曰公館之禮隆故復私館之禮殺故不復

曾子問曰下殤土周葬于園遂輿機而往塗邇故也今墓遠則其葬也如之何孔子曰吾聞諸老聃曰昔者史佚有子而死下殤也墓遠名公謂之曰何以不棺斂於宮中史佚曰吾敢乎哉名公言於周公周公曰豈不可史佚行之下殤用棺衣棺自史佚始也輿舊如字今釋文音舁名本又 十九

作卲上照反○棺斂舊古患反今如字豈不可為一句舊豈字絕句非用棺如字衣棺並去聲○鄭註輿機或作餘機

輿舊如字今音舁

鄭氏曰土周堲周也周人以夏后氏之堲周葬下殤於園以其去成人遠不就墓也機輿尸之床也以繩絙其中央又以絇從兩旁鉤之孔氏曰機以木為之狀如床無脚及簀先用一繩直於中央繫著兩頭之橋又別取一繩繫一邊材橫鉤中央直繩往還取匝取尸置于繩上懸謂縣舁也周人以有虞氏之瓦棺葬無服之殤以夏后氏之堲周葬中殤下殤蓋中下之殤皆先斂於瓦棺下棺於堲周中以葬但中殤葬于墓棺于家而車載以往下殤葬于園則輿尸就園斂于棺而遂葬焉以其塗邇故也後世下殤葬于墓而塗遠則輿尸不便故曾子問之召公斂于宮中用瓦棺斂之于家也豈不可言是豈不可乎權乎禮之宜而許之也衣棺謂用衣之又用棺斂之也前此下殤在家

牀 繩 蓋

周衣下似更有衣字

衣之而已其棺之則在園至此在家衣之遂置於棺而棺斂之
故曰用棺衣棺自史佚始此禮之所由變也○孔疏謂舉機往
園臨斂時當壁周之上先縮除直繩則兩邊之繩悉解而[illegible]
機中央落入壁周中如其說則下殤竟以尸葬而無棺反不如
無服之殤矣疑尸字乃棺字之誤蓋既斂于棺置棺於機上而
除繩以下之也
○曾子問曰卿大夫將為尸於公受宿矣而有齊衰內喪則如之何孔
子曰出舍於公館以待事禮也孔子曰尸弁冕而出卿大夫士皆下
之尸必式必有前驅
宿謂祭前宿尸也鄭氏特牲禮註云宿當為肅進也進之者使
知祭日當來人君祭前三日卜尸既卜吉乃宿之既受宿則祭
日已迫不可復改卜故雖有齊衰內喪而不可已也齊衰內喪

二十

同門齊衰之喪也出宿於公館以待事吉凶不可同處也尸服卒者之上服君之祖父或為士則尸服爵弁為大夫諸侯則尸服冕下之敬尸也尸必式荅之也人君出則有前驅辟道左傳公子歂犬之（華）仲前驅是也尸尊與君同故必有前驅餘說見曲禮孔氏曰尸弁爵而出以下此孔子因曾子問為尸之事遂廣說事尸之法士服爵弁助祭特牲尸服元端少牢尸服朝服尸皆服在家自祭之服不服爵弁及冕者大夫士卑屈于人君故尸服在家自祭之服人君禮伸故尸服助祭之上服

子夏問曰三年之喪卒哭金革之事無辟也者禮與初有司與孔子曰夏后氏三年之喪既殯而致事殷人既葬而致事記曰君子不奪人之親亦不可奪親也此之謂乎（釋文）辟音避與音餘下同

鄭氏曰初有司疑有司初使使之然致事謂還其職位於君周

卒哭而致事不奪人親亦不可奪親二者恕也孝也孔氏曰皇氏云夏后氏尚質孝子喪親恍惚君事不敢久留故既殯致事殷人漸文思親彌深故既葬致事周人極文悲哀至甚故卒哭致事知周人卒哭致事者以喪之大事有三殯也葬也卒哭也夏既殯殷既葬後世漸遠故知周卒哭也人臣有親之喪人君許其致事是不奪人喪親之心此謂恕也以己情恕彼也遣喪致事不奪情以求利祿此謂孝也言孝子乎令人不可不致事人君亦不可不許舊記有此文孔子引之

子夏曰金革之事無辟也者非與孔子曰吾聞諸老聃曰昔者魯公伯禽有為為之也今以三年之喪從其利者吾弗知也有為為于偽反

鄭氏曰伯禽周公子封於魯有徐戎作難喪卒哭而征之急王事也征之作費誓以三年之喪從其利者時多攻取之兵言非

援集說改下決字同

禮也孔氏曰伯禽卒哭而從金革時有徐戎作亂東郊不開故征之時周公尚在伯禽卒哭為母喪也從其利貪從於利攻取於人也○應氏鏞曰曾子以篤愨醇至之資而為潛心守約之學其於身也反觀內省而加以傳習講貫之功其於禮也躬行寔踐而又不廢乎旁搜博考之名知天下之義理無盡而事物亦日新而無窮有非意料所可及者或明不素而猝然遇之則應之難以中其肯綮故歷舉喪祭吉凶辭出不齊之事而問於聖人夫子隨事剖析而析其疑遂使千百載下遇變事而知其權者亦如處經事而不失其宜焉此皆其問答講明之功也其後真積力久夫子語以一貫隨聲響答畧無留難其見亦高矣

禮記註卷

甲寅八月十三日鏘鳴校一過

此篇分兩卷第九下當有之一

禮記卷十六

禮運第九 別錄屬通論 之一

孫希旦集解

禮運者，言禮之運行也。蓋自禮之本於天地者言之，四時五行亭毒流播，秩然燦然，而禮制已自然運行於兩間矣。然必為人君者體信達順，然後能則天道、治人情，而禮制達於天下，此又禮之待聖人而後運行者也。周衰禮壞，孔子感之而歎，因子游之問而為極言禮之運行，聖人所恃以治天下國家者以告之。陳氏澔曰：「疑子游門人所記。」

昔者仲尼與於蜡賓，事畢，出游於觀之上，喟然而嘆。仲尼之嘆，蓋歎魯也。言偃在側，曰：「君子何嘆？」孔子曰：「大道之行也，與三代之英，丘未之逮也，而有志焉。」釋文與音預，蜡仕嫁反，觀古亂反，喟去媿反，又苦怪反。

蜡，歲十二月合聚鬼神而索饗之也。黨正：「國索鬼神而祭祀

按此下音義用釋文，其補音及異讀者別出於下，例見首卷

則以禮屬民而飲酒於序，與於蜡賓，言與于蜡祭飲酒之賓也。觀，闕也，門旁築土而高，可登以眺望者。蜡祭在黨之序，夫子出於序而游於觀，所謂闕黨者與？大道之行，謂五帝時也。英，才德之秀出者。三代之英，即下言禹、湯、文、武、成王、周公是也。逮，及也。孔子言帝王之盛已不及見，而有志乎此，蓋登高眺望，有感於魯之衰，而思得位行道，以反唐虞三代之治也。鄭氏曰：不言魯事，為其太切，廣言之。○注疏謂蜡亦祭宗廟，孔子助祭，出游於象魏之上，其說非是。宗廟冬已烝祭，蜡又祭之，不亦煩乎？臘祀先祖，乃秦制耳。說詳月令。象魏尊嚴，必無登眺之理。皇氏謂游為游目，然孔子入公門，鞠躬如不容，若至象魏而游目，亦非所以為敬矣。爾雅：觀謂之闕。孫炎以為宫門雙闕，懸法象使民觀之處，周禮所謂象魏也。然闕實不惟象魏有之詩言城闕是城門有闕左傳鬻拳葬於絰皇杜氏註云絰皇冢前闕是墓門有闕又左傳屨及於窒皇之外注云窒皇寢門闕是寢門有闕是凡有門皆有闕皆得謂之觀也若雉門之闕則天子諸侯皆有之禮器天子諸侯臺門是也而公羊傳又以魯設兩觀為僭禮則必天子諸侯雉門之闕其高卑等級不同魯之兩觀其高與天子之制同故為僭禮非諸侯不得有闕也餘處之闕則其制當又加卑焉雉門之闕獨得專闕之名者正以其高於餘闕爾其實有闕者不止雉門也

大道之行也天下為公選賢與能講信脩睦故人不獨親其親不獨子其子使老有所終壯有所用幼有所長矜寡孤獨廢疾者皆有所養男有分女有歸貨惡其棄於地也不必藏於己力惡其不

出於身也不必為己是故謀閉而不興盜竊亂賊而不作故外戶而不閉是謂大同釋文長竹丈反矜古頑反分扶問反惡烏故反為之偽反

大道言道之廣大而不偏私也行謂通達於天下也天下為公者天子之位傳賢而不傳子也選賢與能諸侯國不傳世惟賢能者則選而用之也講信者談說忠信之行脩睦者脩習親睦之事男有分者士農工商各安其業也女有歸者嫁不失時也謀謂相圖謀也蓋人之所以相圖謀而至於為盜竊亂賊者由於身困窮而俗惡薄也今大道之行如此則民無不足不瞻[贍]之患而有親遜和睦之風故圖謀閉塞而不興盜竊亂賊而不作故門戶之扉從外闔而不閉也同和也平也此言五帝之時也

今大道既隱天下為家各親其親各子其子貨力為己大人世及

以為禮城郭溝池以為固禮義以為紀以正君臣以篤父子以睦兄弟以和夫婦以設制度以立田里以賢勇知以功為已故謀用是作而兵由此起禹湯文武成王周公由此其選也此六君子者未有不謹於禮者也以著其義以考其信著有過刑仁講讓示民有常如有不由此者在埶者去衆以為殃是謂小康知音智埶音世本亦作勢去起呂反○故謀用此作而兵由此起此十字當在貸力為已之下

今謂三代以來也隱猶微也天下為家傳子而不傳賢也大人諸侯也父子曰世兄弟曰及謂父傳國於子無子則傳弟也城郭溝池以為固設險以守其國也紀條理也禮之從來遠矣與天地並五帝之時未嘗不以禮義治天下但其節文度數之詳至三代而後備耳言三代以來大道既微在上者既以天下為家而不復傳賢在下者各私其骨肉各愛其貨力

三

釋文去羌呂反 本

於是有無相耀，貧富相競，而親遜和睦之意衰，不足以相維持，故圖謀由此而作，兵革由此而起也。兵起即亂賊之事，既有亂賊，則盜竊不足言矣。世變既異，則聖人之所以治之者不得不詳，故大人世及以防簒奪之端，城郭溝池以為守國之險，脩設禮義以為條理之審。此三者皆聖人之因時立政，而要以禮義為本。此下所言，皆禮義為紀之事也。賢勇知者，謂以勇知者為賢而登用之也。以功為己者，使之立功於國以輔助於己也。由，用也。選者，高出之意。言禹、湯、文、武、成王、周公用此禮義以治天下，而為三代之高出者，所謂三代之英也。上言禮義，而下但言禮者，以其文言之謂之禮，以其理言之謂之義，言禮則義在其中矣。考，成也。刑，法也。著其義以導其行，考其信以杜其欺，著有過以懲其罪，法仁恩以厚其性。

講遜讓以防其爭、凡此皆所以謹於禮、而示民以常行之道也。苟不由此、則無以治其民、雖在勢位、衆以為殃、禍及於下而必黜去之也。康、安也。蓋人倫厚則雖各親各子、而恩亦足以相被矣。設制度、立田里、則雖貨力為已、而力亦足以相贍矣。刑仁講讓、則講信脩睦之道、亦無以異矣。舉賢尚功、而不由禮者則去、則雖大人世及、而仍不失乎選賢與能之意矣。此五帝三王之所以為時不同、而同歸于治也。小康者、言其稍遜于大同之時也。此篇言聖人以禮治天下、其體信達順、功效至盛、而此乃以三代之禮義為小康者、蓋五帝之時風氣方厚、而聖人之治乘其盛、三代之時風氣漸薄、而聖人之治扶其衰、故其氣象之廣狹、稍有不同者、非聖人之德有所不足也、時為之也。○張子曰：大道之行、如堯舜方是謹於禮所

四

以致大道之行，各親其親，各子其子，亦不害於不獨親不獨子，止是各親各子者恩差狹。至於達順之後，則不獨親其親，不獨子其子。大人世及以為禮，古來亦有，但道隱之後，雖有子如朱、均，有臣如伊、周者，亦不能行堯、舜之事，故以世及為定禮。城郭溝池以為固，亦是禮義以為紀之事，所以防亂也。大道既隱，由暴君以壞之也。然使堯、舜承桀、紂之後，亦當禮義以為紀；六君子居堯、舜之世，是亦大同之治也。以其襲亂急於禮義，適得少康耳。馬氏睎孟曰：傳子傳賢，皆天之所與，非人之所為也。老有所終至癈疾有養，三王未嘗不同也；以正君臣至以立田里，五帝之時亦莫不行也。孔子傷時之獘，欲復歸于至德之盛，故言如此。

言偃復問曰：如此乎禮之急也？孔子曰：夫禮，先王以承天之道，以

釋文本遄市

治人之情故失之者死得之者生詩曰相鼠有體人而無禮人而無禮胡不遄死是故夫禮必本於天殽於地列於鬼神達於喪祭射御冠昏朝聘故聖人以禮示之故天下國家可得而正也釋文遄市專反殽户教反徐戶交反冠古亂反朝直遥反

三代之時大道既隱謀作兵起聖人以禮治之然後天下復安則可以見禮之急矣承天之道者本其自然之秩序禮之體所以立也治人之情者示以一定之儀則禮之用所以行也禮者人之所恃以生失禮則亡其所以生矣殽效也應氏鏞曰禮之大原出於天故推其自出而本之效法之謂地故因其成法而效之列於鬼神充塞乾坤昭布森列而不可遺達於喪祭射御冠昏朝聘人道交際周流上下而無不通法於天地鬼神者所以承天之道達於天下國家者所以治人

五

言偃復問曰：夫子之極言禮也，可得而聞與？孔子曰：我欲觀夏道，是故之杞，而不足徵也，吾得夏時焉。我欲觀殷道，是故之宋，而不足徵也，吾得乾坤焉。坤乾之義，夏時之等，吾以是觀之。

鄭氏曰：得夏時，得夏四時之書也，其書存者有小正。得坤乾，得殷陰陽之書也，其書存者有歸藏。熊氏安生曰：殷易以坤為首，故曰坤乾。愚謂子游問，夫子告以禮之急，復欲問其詳，而夫子以所得於夏殷者告之也。之，適也。徵，證也。杞，夏之後；宋，殷之後。蓋禮義備於三代，而夏殷者，周所監以損益者也。故欲觀夏殷之禮，而之於杞宋，但二國文獻不足，無可考證，所得者如此而已。以是觀之者，以是二書而觀夏殷之禮也。

夫禮之初，始諸飲食，其燔黍捭豚，汙尊而抔飲，蕢桴而土鼓，猶若

按胡氏讀當別出

可以致其敬於鬼神。釋文燔音煩捭卜麥反或作擗又作擘音同汙烏一音作烏華反抔步侯反蕢當作凷依注音苦對反又苦怪反胡氏如字桴音浮。胡氏蕢如字

鄭氏曰言其物雖質畧有齊敬之心則可以薦羞於鬼神鬼神饗德不饗味也中古未有釜甑釋米捭肉加於燒石之上而食之耳今北狄猶然汙尊鑿地為尊也抔飲手掬之也蕢讀為凷堛謂摶土為桴也土鼓築土為鼓也孔氏曰中古雖有火化未有釜甑燔黍者以水洮釋黍米加於燒石之上而燔之捭豚者捭析豚肉加于燒石之上而熟之鑿池汙下而盛酒故曰汙尊以手掬之而飲故曰抔飲桴擊鼓之物蕢桴者摶土凷為桴土鼓築土為鼓杜氏子春曰土鼓以土為匡以草為兩面可擊也胡氏銓曰蕢草也以草為桴愚謂禮經緯萬端無乎不在而飲食所以養生人既生則有所以養之

六

故禮制始乎此焉。曰猶若者，言非獨養人者質畧如此，而猶可以奉祭祀焉，由其物不足而誠有餘也。○孔氏曰：從此以下至禮之大成，皆是二書所見之事。

及其死也，升屋而號，告曰：「皐某復！」然後飯腥而苴孰，故天望而地藏也，體魄則降，知氣在上，故死者北首，生者南鄉，皆從其初。釋文號戶毛反，皐音羔，飯扶晚反，苴子餘反，知音智，首手又反，鄉許亮反。○鄭注苴或為粗。

孔氏曰：皐，引聲之辭。某，名也。升屋北面，告天招魂，復魄，復魄不復，然後浴尸而行含禮，飯用生米，故曰飯腥。至葬設遣奠，苞裹孰肉以送尸，故曰苴孰。天望，謂天望而招魂。地藏，謂葬地以藏尸也。所以地藏者，由體魄則降故也。所以天望者，由知氣在上故也。體魄入地為陰，故死者北首，歸陰之義。生者南鄉，歸陽也。愚謂上言古者養生之禮如彼，此又言及其死而送死之禮如此也然養生之禮後世聖人既變之矣以其過於質野而且不足以養人也若送死之禮則雖其棺椁衣衾之美有踵事而增者至於飯腥苴孰以盡其事死如生之愛天望地藏以順乎魂升魄降之宜此則出乎心之所不容已與順夫理之所不可易者夏殷之禮因之而不變焉故曰皆從其初

○昔者先王未有宮室冬則居營窟夏則居橧巢未有火化食草木之實鳥獸之肉飲其血茹其毛未有麻絲衣其羽皮釋文窟苦忽反橧本又作增又作曾同則登反樔本又作橾助交反茹音汝衣于既反

鄭氏曰寒則累土暑則聚柴薪居其上未有火化食腥也此上古之時也孔氏曰此論上古之時營窟者地高則穴於地地下則營累其上而為窟橧巢者橧聚其木而為巢茹其毛

七

食鳥獸之肉，并茹其毛，以助飽。陳氏澔曰：未有火化，故去毛不盡而并食之也。

後聖有作，然後脩火之利，范金合土，以為臺榭、宮室、牖戶。以炮以燔，以亨以炙，以為醴酪。治其麻絲，以為布帛。以養生送死，以事鬼神上帝，皆從其朔。釋文范，陳氏作笵。榭音謝，本亦作謝。炮薄交反。牖音酉。炮薄交反，徐扶交反。燔音煩反。亨普伻反，下合亨同。炙之石反。醴音禮。酪音洛。

炮

〇笵，陳氏作笵。

鄭氏曰：作，起也。脩火之利，謂孰治萬物。范金，謂鑄作器用。合土，謂瓦瓴甓及甒大。榭，器之所藏也。炮，裹燒之也。燔，加於火上。亨，煮之鑊也。炙，貫之火上。以為醴酪，蒸釀之也。酪，酢截。朔，亦溯初也。陳氏澔曰：笵字從竹，以土曰型，以金曰鎔，以木曰模，以竹曰笵。笵金為形範，以鑄金器也。合土，和合泥土，以為陶器也。愚謂茹毛飲血，未有火化也。燔黍捭豚，雖有火化而火之利未盡也後聖脩之而器用宮室飲食衣服凡所以養生送死事鬼神之具莫不資火以成而後火之利盡矣上古之居處飲食被服過于（於）樸陋而不宜于（於）人後聖通其變而相生相養之道乃盡皆從其朔者夏殷之禮亦因之而不變也

故玄酒在室醴醆在戶粢醍在堂澄酒在下陳其犧牲備其鼎俎列其琴瑟管磬鍾鼓脩其祝嘏以降上神與其先祖以正君臣以篤父子以睦兄弟以齊上下夫婦有所是謂承天之祜　醆側眼反　粢讀為齊才細反醍音體嘏本或作假古雅反祜音戶　依注

玄酒鬱鬯也水及明水皆謂之玄酒鬱鬯配明水而設而尊於五齊故因謂鬱鬯為玄酒也在室者在室內之北也醴醴齊也醆盎齊（也盎齊）盛之以醆故謂之醆在戶者醴在戶內之東醆在戶外之東也粢醍醍齊也在堂在堂上也周禮五齊一曰

八

泛齊二曰醴齊三曰盎齊四曰醍齊五曰沈齊此不言泛齊沈齊者或文畧或據諸侯之禮惟有三齊也澄清也澄酒三酒也三酒清於五齊故曰澄酒在下在堂下也尸在室設酒之法以在北者為尊以次而南五齊所以獻酢故在室内及堂上三酒則旅酬及無筭爵之所酌故在堂下也陳其犧牲者按特牲禮陳鼎于門外北面棜在其南南順實獸於其上牲在獸西天子諸侯省牲之禮亦於廟門外陳之也備其鼎俎者特牲禮夕陳鼎于門外是也少牢禮祭日陳鼎大夫尊辟人君之禮也琴瑟堂上之樂管磬鐘鼓堂下之樂列者磬鐘鼓皆縣之琴瑟與管雖未遽入亦使工執之而陳列於廟門之外以待及時而納之也祝謂饗神之辭嘏謂嘏主人之辭脩謂預脩習之以待用也上神謂尸也若詩稱尸為神保

齊三校本改

也先祖謂死者之精氣也君在廟門外則疑于君入廟門則全于臣故君迎牲而不迎尸而君臣之位正祭立尸北面而事之所以明子事父之道而父子之恩篤羣昭羣穆咸在而不失其倫而兄弟之情睦序爵辨貴賤而上下之分齊君在阼夫人在房而夫婦之位各得其所祐福也此節言將祭之先陳齊酒脩禮樂省牲視濯將以假祖考脩十倫蓋雖未與神交而其慮事之預脩物之具致愛致慤而祭則受福者已于是乎在矣蓋祭祀之行事雖在於迎尸殺牲之後而積其誠敬以為昭格之地者實在于未事之先易所謂盥而不薦有孚顒若正此義也故此下三節脩言祭禮而受天之祜特於此言之。孔氏曰崔氏云周禮大祫王脩五帝之酒朝踐王酌泛齊后酌醴齊饋食王酌盎齊后酌醍齊朝獻王酌泛

九

齊因朝踐之尊再獻后酌醍齊因饋食之尊諸侯為賓則酌沈齊尸酢王與后皆用所獻之齊賓長酳尸酢用清酒加爵亦用三酒大禘用四齊三酒四時祭二齊三酒鄭注司尊彝四時祭用醴盎而已魯及王者之後大祫與王禘禮同禘與王四時同侯伯子男祫禘皆用二齊醴盎而已四時惟用盎齊用三酒皆同於王天子大祫用五齊三酒五齊各有明水之配三酒各加元酒通鬱鬯明水共十八尊愚謂先儒不知禘大於祫故疏謂祫用五齊禘用四齊又其言王與后獻尸所酌之尊及用齊多少之差及謂賓長酳尸及加爵用清酒及三酒配元酒其說亦皆非是今以愚意疏於下方○司尊彝春祠夏禴其朝踐用兩獻尊其再獻用兩象尊皆有罍諸臣之所酢也秋嘗冬烝其朝獻用兩著尊其饋獻用兩壺尊

皆有罍諸臣之所酢也四時之間祀追享朝享其朝踐用兩大尊其再獻用兩山尊皆有罍諸臣之所酢也追享謂大禘朝享謂大祫也朝踐朝獻皆謂朝事獻尸也以籩豆言之則曰踐以爵言之則曰獻二句臨川王氏說再獻饋獻皆謂饋熟獻尸也以其次於朝踐而獻則曰再獻以其與饋熟同節則曰饋獻朝獻兩尊一盛泛齊一盛醴齊也饋獻兩尊一盛盎齊一盛醍齊也罍則盛沈齊也是天子禘祫與四時之祭皆有五尊以分盛五齊則無多寡之差矣蓋王祭齊有五酒有三猶籩豆之有八鉶俎之有九不因殷祭時祭為隆殺也但經記所言或據侯國之禮或畧舉而不倫說者因以為禘祫時祭多少之差實皆臆說無據也五齊配以明水當有十尊司尊彝於朝獻饋獻皆惟言兩尊者惟據所酌以獻者言之不數

十

明水之尊、冪人云以疏布巾冪八尊、亦不數明水也。王祭十二獻、每節皆備三獻說見于後、朝獻兩尊、王獻酌泛齊之尊、后與諸臣獻酌醴齊之尊、饋獻兩尊、王獻酌盎齊之尊、后與諸臣獻酌醍齊之尊、司尊彝不言酳尸所用之尊、盖酳尸即用饋獻之尊與。○特牲禮加爵三、皆不酌堂下之尊、盖堂下之尊至將酬賓乃設之、特以為旅酬無算爵之所用、不但不以獻尸、即獻賓及兄弟之屬、皆不酌此尊也。王祭羣臣酳尸用饋食之醍齊、則為加爵者宜降用沈齊、其所酌盖堂上之罍尊也。○設尊之處、醴醆在戶、醴在戶內、醆在戶外、以特牲少牢尊于戶東推之、則盎齊設于戶東、即特牲少牢禮設尊之處。凡尊於戶外者皆在戶東、士昏禮尊于房戶之東、鄉飲酒禮尊于房戶之間是也。醴齊設于戶內之東、直盎齊之北、又其

西序西字似誤，當作東，傍於序

按燕禮當作東楹之西

北為泛齊當室東壁南北之中又其北為鬱鬯在北墉下也
士昏禮尊于室中北墉下士虞禮尊于室中北墉下禮器罍
尊在阼則沈齊設于阼階上東傍西序醍齊在堂蓋在堂上
東楹之西當燕禮設尊之處也蓋設尊必有所傍或傍於壁
或傍於楹或傍於序事當然爾鬱鬯五齊皆以明水配設欝
鬯傍北墉醴齊南傍於壁盎齊北傍於壁皆東西設之而西
上泛齊傍於室之東壁醍齊傍於東楹沈齊傍於東序皆南
北設之而北上鄉飲鄉射禮設尊西上統於賓也士虞特牲設尊亦西上統於尸也燕禮設尊于東楹之
東南上公在阼階上統于公也此室中堂上之尊東西設者西上南北設者北上皆統于尸也鄭氏解澄酒
在下以澄為沈齊酒為三酒謂沈齊三酒皆在堂下非也沈
齊雖為五齊之下然視三酒為尊且配以明水必不設於堂
下也牲[特]牲禮將酬賓尊兩壺于阼階東西方亦如之人君堂

十二

（此一字疑作三或上文二則亦作一則）

下之酒其設之亦必在此但士止四尊人君備三酒而羣臣衆多其設尊多少不可考又特牲禮堂下無元酒燕禮尊士旅食者於門西兩方壺無元酒蓋尊之設於堂下者例無元酒之配一則元酒尊不設於堂下二則堂下之尊但為旅酬無奠爵之所用以其不用於正禮故畧之一則堂下人衆故使兩尊皆酒所以優之也天子祭用十八尊鬱鬯五齊配明水為十二尊三酒自相配為六尊也○坊記醴酒在室醍酒在堂祭統執醴授之執鐙禮器祭義祭統皆言夫人薦盎無言泛齊者是諸侯無泛齊也又禮器云君親割牲夫人薦酒是薦孰時夫人獻已用酒從上醴齊差而下之朝踐君獻尸用醴齊夫人用盎齊饋熟君獻尸用醍齊夫人用酒是諸侯又無沈齊也禮記所言多據魯禮乃上公九獻之禮若侯伯

惟七獻則朝踐饋食夫人不獻尸惟用二齊醴齊醍齊也子男五獻朝踐饋食君夫人皆不獻尸其酳尸當與侯伯同君用醍齊夫人用酒是子男用一齊也五齊惟醴之所用最廣冠昏皆用之子男惟用一齊則君酳尸或進用醴齊宜更詳之○此上所言於禮雖無明據但合諸經記所言推之則或當如此耳

作其祝號玄酒以祭薦其血毛腥其俎孰其殽與其越席疏布以冪衣其澣帛醴醆以獻薦其燔炙君與夫人交獻以嘉魂魄是謂合莫祝之六反又之又反殽本或作肴户交反越音活冪本又作冪同莫歷反衣于既反澣户管反

鄭氏曰周禮祝號有六一曰神號二曰鬼號三曰祇號四曰牲號五曰齍號六曰幣號號者所以尊神顯物也腥其俎謂豚解而腥之及血毛皆所以法于上古也孰其殽謂體解而爓之此以下皆所法于中古也越席翦蒲也冪覆尊也澣帛

十二

練染以爲祭服嘉樂也莫虛無也愚謂作其祝號謂尸未入時祝作牲幣之嘉號告神而饗之也少牢禮祝曰孝孫某敢用柔毛剛鬛嘉薦普淖用薦歲事于皇祖伯某以某妃配某氏尚饗大夫士祭禮自饋食始祭初即設饌饗神人君祭始未有饌具則其饗神之辭未知如何意者雖未設饌而亦預舉之以爲祝與元酒以祭謂用鬱鬯灌地以降神也薦其血毛者初殺牲時取血毛以告殺也此二句皆尸初入在室時也腥其俎以腥肉盛於俎以進之殺骨體也孰其殽謂以湯爓骨體而進之此與下醴醆以獻三句皆尸出在堂行朝獻之時也越結也越席結草爲席若司几筵莞筵蒲筵之屬也疏布粗布也冪所以覆尊鼎者周禮冪人以疏布巾冪八尊以畫布巾冪六彝澣帛者祭服用帛皆湅絲而織之也必以

案必以二字似誤衍

案薦當作獻

脱文

此三事非惟施於朝踐以與上下所言朝踐之禮並因於中古之禮故并而言之曰與其者明與上下所言專屬於朝踐者不同也醴醆以薦者朝踐時君獻用醴齊夫人獻用盎齊也此言醴醆燔燔肉炙炙肝也特牲禮主人獻尸賓長以肝從主婦獻尸長兄弟以燔從彼謂酳尸從獻此則朝踐時從獻者也嘉善也魂氣為陽體魄為陰醴醆燔炙之屬可以飲食而以味饗神者所以嘉魂也血腥之屬不可以飲食而以氣歆神者所以嘉魄也此節言祭初至朝踐所行之禮乃所因於古初者報氣報魄合陰陽以求之足以通合乎冥莫之中也○孔氏以越席疏布為祭天之禮非也上下皆言祭宗廟之事此乃忽言祭天有是理乎禮器蒲越稾鞂之尚稾鞂為祭天席則蒲越非祭天席矣疏布說見禮器○陳氏祥道

十三

曰國語曰郊禘之事則有全脀王公立飫有房脀親戚燕飲有殽脀全脀豚解也房脀體解也殽脀骨折也士喪禮特豚四鬄去蹄兩胉脊下篇葬奠羊左胖亦如之四鬄者殊左右肩髀而為四又兩胉一脊而為七所謂豚解也若夫吉祭則天子諸侯有豚解體解禮運曰腥其俎熟其殽腥其俎謂豚解而腥之為七體熟其殽謂體解而熟之為二十一體大夫士有體解無豚解以其無朝踐獻腥之禮故也

然後退而合亨體其犬豕牛羊實其簠簋籩豆鉶羹祝以孝告嘏以慈告是謂大祥此禮之大成也鉶

鉶釋文作鈃又作鉶並音刑羹音庚

鄭氏曰此謂薦今世之食也體其犬豕牛羊謂分別骨肉之貴賤以為衆俎也祝以孝告嘏以慈告各首其義也祥善也今世之食於人道為善也愚謂合亨者合左右體而亨之也

朝踐時孰其殽雖爛之而實未熟且其薦于尸俎者惟右胖
十一體而已至此乃合牲之左右體亨熟之也體其犬豕牛
羊者既熟乃體别其骨之貴賤其右胖仍升之尸俎其左胖
則以為主人主婦及助祭者之俎也籩豆朝踐時已有此則
謂饋食之籩豆及加籩加豆之等也簠盛稻梁簋盛黍稷特牲
禮黍稷二敦少牢禮黍稷四敦此兼有稻梁者諸侯以上之
禮也鉶羹羹之有芼者盛以鉶器亦饋食時之所薦也祝謂
饗神之祝辭也嘏謂尸嘏主人之辭也祭初饗神祝辭以主
人之孝告於鬼神至主人酳尸而主人事尸之事畢則祝傳
神意以嘏主人言承致多福無福無疆于女孝孫而致其慈
愛之意也祝以孝告即上作其祝號之事在於祭初此又言
之者以之嘏所以答主人之孝故又上本而言之也此節言
十四

啐

饋食以後之禮所因于近世者蓋朝踐之時禮質而物未備體嚴而情未洽足以盡敬而未足以盡愛也至饋食而盡飲食之道以事鬼神然後皇尸醉飽神惠周浹祭之情文至是而備故曰大祥祥善也禮之大成言祭禮於此而成也○孔氏曰祭之日王被袞而入尸亦被袞而入祝在後侑之王不出迎祭統云君不迎尸尸入室大祖東面昭南面穆北面愚按大祖東面以下疏於饋食尸入室時乃言之蓋以郊特牲言奠斝角拜妥尸故疑尸初未入坐耳不知尸既入室無不坐也今移於此作樂降神愚按尸入奏肆夏見大司樂若降神之樂疑大司樂所謂奏無射者是疏以大司樂黃鍾為宮一段當之非是今不取說詳郊特牲乃灌衆尸依次而灌○愚按灌爵尸亦飲之鄭注小宰謂尸祭之啐之奠之非是說見郊特牲是一獻也后從灌二獻也愚按疏據郊特牲注先言王迎牲乃言后灌頗失次第今據司尊彝賈疏更正又天子十二獻后灌後當有賓長灌獻下朝獻饋獻獻亦然說見於下獻皆用樂王乃迎牲入至庭禮器云納牲詔於庭王親執鸞刀啓其毛

爓當作燗

古有古礼當作古有此礼

上二

而祝以血毛告於室禮器云血毛告於室廟各别牲故公羊傳云周公白牲魯公騂犅逸禮云毀廟之主昭共一牢穆共一牢○愚按上節薦其血毛疏云延尸在堂祝以血毛告於室此言血毛告於室在尸未出之前與彼異然祝告於室正是告於尸此疏為是於是行朝踐之事尸出於堂鄭注祭統云天子諸侯之祭朝事延尸於戶外有北面事尸之禮大祖之尸坐於戶西南面其主在右昭在東穆在西愚按昭宜在西穆宜在東蓋鬼神之位尊西尸在室昭南嚮而穆北嚮尸在堂昭東嚮而穆西向皆以嚮陽者為昭嚮陰者為穆祝乃取牲膟膋燎於爐炭入以詔神於室又出以制於主前王乃洗肝於鬱鬯而燔之謂之制祭愚按制祭之說鄭注禮器及郊特牲皆言之乃據漢禮為說而經傳未有見焉未知古有古禮否說見禮器次乃升牲首於室中北墉下后薦朝事之豆籩乃薦腥於尸主之前謂之朝踐即禮運云薦其血毛腥其俎是也○愚按薦其血毛即血毛詔於室疏家因司尊彝注有薦血腥之言故謂薦腥時又薦血然血毛不當再薦鄭云薦血腥者謂腥肉帶血耳說又見郊特牲又按朝踐中又有薦爓即禮運所云熟其殽盖當在王獻尸之後后獻尸之前而此疏不言王乃以玉爵酌泛齊以獻尸三

十五

此獻字似當依疏作酳

案醍齊酳尸下當有爲八獻字今按本疏補

獻也愚謂疏謂朝踐酌著尊饋獻酌壺尊蓋據大祫在秋故用司尊彝秋嘗冬烝之尊不知司尊彝追享朝享乃大禘大祫之祭其尊則大尊山尊也后又以玉爵酌醴齊以獻尸四獻也于是行饋熟之禮從堂上之饌於室內坐前祝以斝酌奠於饌南郊特牲注天子奠斝諸侯奠角時尸未入於是取腸間脂焫蕭合羶薌愚按疏據曾子問注以此前爲接祭其說無據今不取乃迎尸入室舉此奠斝主人拜以安尸后薦饋獻之豆籩王乃以玉爵酌盎齊以獻尸五獻也后又以玉爵酌醍齊以獻尸六獻也於是尸食十五飯訖后乃薦加豆籩王以玉爵酌盎齊以獻尸七獻也愚按疏先言王酳尸乃言后薦豆籩祭禮皆先薦後獻疏於朝踐饋獻已依次而言此又自亂其例今更之又疏言王酌泛齊酳尸乃據用司尊彝注其說非是今易以盎齊說已見前○又按疏於此下言尸酢主人蓋據特牲禮而言然獻必有酢特牲禮獻尸自酳尸始故尸亦至是始酢主人若天子十二獻灌獻朝獻饋獻主人主婦及賓皆獻尸則皆有酢不俟酳尸始酢主人也今不取主人受嘏時王可以獻諸侯於是后乃以瑤爵酌醍齊酳尸爲八獻

於時王可以瑶爵獻卿也諸侯為賓者以瑶爵酌醍齊以獻尸為九獻九獻之後謂之加爵特牲三加爵天子以下依尊卑不止三也○天子諸侯祭禮既亡其見於周禮禮記之中者尚存涯畧然散而無紀疏家採合貫串又參以鄭氏之説雖其詳不可盡考而其始末規模已具於此但其中舛誤頗多今畧為考訂如上○天子九獻此先儒相承之舊説而歴代祭禮之所遵用而不易者也然自上以下降殺以兩凡禮皆然士大夫三獻子男五獻侯伯七獻上公九獻而天子與上公無隆殺必不然也掌客王合諸侯而饗禮則諸侯長十有二獻是九獻之上又有十有二獻之禮矣王於諸侯之長其饗禮必不踰於王則十有二獻者必王之饗禮而王於諸侯之長加隆焉而用之者也大行人上公饗禮九獻侯伯七

十六

壘當作罍

獻子男五獻此先儒所據以推五等諸侯宗廟之獻數者是宗廟之饗與賓客之饗其獻數相準王之饗禮十有二獻則其祭宗廟亦必十有二獻矣十有二獻者灌獻朝獻饋獻酳尸皆三獻王為正獻后亞之諸侯為賓者又亞之也特牲少牢禮酳尸皆三獻是每獻必三者禮之正也其不及乎此者皆禮之有所降殺也特牲禮賓長酳尸長兄弟首為加爵則天子自灌獻至酳尸亦以同異姓諸侯相間而獻每獻則尸必酢之故司尊彝云皆有壘諸臣之所酢也言諸臣之所酢則受酢者非一人必獻尸者非一人而諸臣不惟酳尸一獻亦明矣上公九獻於灌獻朝獻饋獻各殺其一以降於天子也侯伯七獻於朝獻饋食又各殺其一以降於上公也子男五獻於朝獻饋獻又各殺其一以降於侯伯也然朝獻饋獻遍

按阮刻宋本作於與釋文合它本作嗚誤今改從宋本

得可當作可得

有降殺而灌獻則五等諸侯皆二至酳尸三獻則雖大夫士亦未嘗有所殺焉何也蓋灌用鬱鬯臭陰達於淵泉此周人之所尚也故諸侯之祭必備二灌而自饋食以後皇尸醉飽所謂禮之大成者不得可而畧故天子諸侯及士大夫一節也

○孔子曰嗚呼哀哉吾觀周道幽厲傷之吾舍魯何適矣魯之郊禘非禮也周公其衰矣杞之郊也禹也宋之郊也契也是天子之事守也故天子祭天地諸侯祭社稷嗚釋文本或作於音同舍音捨下舍禮同契息列反

將言周道而先發歎辭者以周之衰也於夏殷之道言欲觀周道直云觀者夏殷為前代之制而周道乃時王之法也郊祭天於南郊也禘王者宗廟之大祭追祭始祖之所自出於大廟而以始祖配之也魯之郊禘僭天子也杞宋天子之後

自劉恕外紀云以下至呂氏春秋當分作双行小註

按此下所引，檢周之禮書，無此說，復讀翁注困学紀聞，知此為□齋陳氏春秋後傳說見，五當求本書正

故王命之郊，以守其先世之事，非魯之所得擬也。周道壞於幽厲，而魯為周公之後，猶秉周禮，故觀禮者舍魯則無所之適，而其僭竊又如此，此孔子之所以出游而發歎也。○程子曰：周公之功固大矣，然皆臣子之分所當為，魯安得獨用天子之禮樂哉？成王之賜，伯禽之受，皆非禮也。其因襲之弊，遂使季氏僭八佾，三家僭雍徹，故仲尼譏之。陳氏祥道曰：魯之郊禘，惠公請之也。劉恕外紀云：魯惠公使宰讓請郊廟之禮於天子，王使史角往，魯公止之。然外紀之說又本於呂氏春秋。惠公雖請之，而魯郊猶未率以為常也。僖公始作頌，以郊為夸禮。按衛祝鮀之言曰：周公相王室，以尹天下，於周為睦。分魯公以大路大旂，夏后氏之璜，封父之繁弱，殷民六族，以昭周公之德，予之土田陪敦，祝宗卜史，備物典冊，官司彝器，則

成王命魯不過如此如說記禮之言得用郊禘兼四代服官器祝鮀不應不及況魯行天子之禮久矣隱公何以問羽數於衆仲周公閱何以辭脩物之享甯武子何以致譏於湛露彤弓干以見魯僭未久有識者皆疑怪遜謝而魯並無一語及於成王之賜以自解故郊禘之說當從劉恕愚謂魯僭郊禘以理言則程子之言爲盡以事言則謂出自惠公之請者爲實蓋魯既僭禮而託言出於成王之賜明堂位祭統之所言則承魯之所自託者而遂傳以爲實也○自此以下至是謂疵國歷言當時禮之壞失所以申明發歎之意

○祝嘏莫敢易其常古是謂大假祝嘏辭說藏於宗祝巫史非禮也是謂幽國假音古

常古舊法也假當作嘏福也有德之君祭祀不祈薦信不愧

十八

故祝嘏之常法，祝史莫敢變易如此，則雖不求福，而鬼神用饗，大福自降之矣。人君無德，祝嘏之辭說變易常禮，媚禱以求福，矯舉而不實，必有不可聞於人者，故為宗祝巫史之所私藏，若漢世秘祝之類是也。幽國，言其國之典禮幽暗不明也。應氏鏞曰：祭祀之辭說，未嘗不使人知之也，故曰宣祝嘏辭說。苟欲聽宗祝巫史為之，而又俾私其藏，不為隨之矯舉，則為漢之秘祝矣。

醆斝及尸君，非禮也，是謂僭君。釋文：斝，古雅反，又音嫁。

鄭氏曰：醆斝，先王之爵也，惟魯與王者之後得用之，其餘諸侯用時王之器而已。僭君，僭禮之君也。愚謂夏曰醆，殷曰斝，周曰爵。盎齊，饋食所用，而名曰醆酒，則天子饋食獻以醆也。周禮內宰大祭祀后祼獻則贊，瑤爵亦如之，註謂后醋尸爵

酌誤配

以瑶為飾則天子酳尸獻以爵也天子饋食獻以醆酳尸獻以爵則朝踐獻以斝矣堂上行朝踐禮畢尸入于室祝配奠亦以斝諸侯獻尸惟用當代之爵其酌奠又以角魯用玉琖仍雕猶不用斝醆斝及尸君諸侯之僭禮也尸君猶詩言公尸也此上二節言當時諸侯之壞禮

冕弁兵革藏於私家非禮也是謂脅君

弁冕卿大夫之尊服君爵命之乃得服兵掌於司兵革掌於司甲有軍事則出以授人自大夫世官而爵命不出於君則冕弁藏於私家矣自大夫藏甲而兵革藏於私家矣脅君謂君被劫脅制於臣而不得伸也

大夫具官祭器不假聲樂皆具非禮也是謂亂國

鄭氏曰臣之奢富擬於國君敗亂之國也朱子曰大夫不得

十九

具官一人常兼數事愚謂少牢禮司士擊豕賈疏云司士乃司馬之屬擊豕不使司空者諸侯猶兼官大夫職職相兼也蓋天子有六卿諸侯立三卿以兼六卿之事是諸侯已兼官矣然諸侯有三卿有五大夫若大夫則家臣之長惟宰而不得如諸侯之有三也宰之下有宗人司馬司士見少牢禮而不得如諸侯之有五也具官者謂放諸侯三卿五大夫之制而備設之也四命之孤得備祭器周禮大宗伯四命受器是也三命大夫祭器造而不備必假而後足也聲樂皆具謂樂之八音皆具也大射禮無柷敔及塤八音闕其二大射乃諸侯用樂之輕者八音不得具則大夫可知也亂國謂其國之法紀紊亂也

故仕於公曰臣仕於家曰僕三年之喪與新有昏者期不使以衰

裳入朝與家僕雜居齊齒非禮也是謂君與臣同國期居宜反朝直遙反

方氏慤曰臣者對君之稱故仕於公曰臣而諸侯稱君僕者對主之稱故仕於家曰僕而大夫稱主然通而言之臣亦可謂之僕若周官戎僕齊僕之類是矣僕亦可謂之臣若左氏所謂皂臣與臣之類是矣名雖可通而位不可不辨王制曰仕於家者出鄉不與士齒齊齒者與之等夷而齒列也愚謂仕於公曰臣仕於家曰僕言公臣與家臣貴賤殊也期不使謂期年之內不使之以事也蓋喪不貳事者禮也期年得出使者權期也期年之內無出使之禮也以衰裳入朝者大夫擅國政居喪不復致事故以喪服入於朝而治事不待期年也大夫強則陪臣尊故朝廷之臣與之相雜而處而齊同齒列也君與臣同國者言其上替下陵而政柄不出於一也蓋

二十

君被刼脅國法紊亂則其勢之所極必至於上失操柄而下移於臣故發端言故者承上文而言也此上三節言當時大夫之僭禮

故天子有田以處其子孫諸侯有國以處其子孫大夫有采以處其子孫是謂制度

田謂九州之田天子有田以處其子孫其子孫受之以為諸侯諸侯有國以處其子孫其子孫受之以為大夫大夫有采以處其子孫其子孫受之以為庶士此乃制度之一定者也故自天子之田　而別者不可與天子同天下自諸侯之國而別者不可與諸侯同國自大夫之家而別者不可與大夫同家而欲在下者之尊制度尤在乎在上者謹守制度而不失言此以申上文之義而起下節也

按飭當依註疏作勑

故天子適諸侯必舍其祖廟而不以禮籍入是謂天子壞法亂紀諸侯非問疾弔喪而入諸臣之家是謂君臣為謔壞音怪謔許約反

鄭氏曰以禮籍入謂大史執簡記奉諱惡天子雖尊舍人宗廟猶有敬焉自拱飭也無故而相之是戲謔也愚謂天子不謹於禮而壞法亂紀則無以責諸侯諸侯不謹于禮而君臣為謔則無以治大夫此又承上文而言天子諸侯不能謹守制度而禮之壞失所由來也

是故禮者君之大柄也所以別嫌明微儐鬼神考制度別仁義所以治政安君也釋文儐必刃反

柄者所執以治物者也人君執禮以治國猶匠人執斧斤之柄以治器也嫌者事之淆雜禮以別之而嫌者辨矣微者事之細小禮以明之而微者著矣接賓以禮曰儐鬼神者天地

社稷山川之屬，禮以儐而接之，而幽明通矣。制度者，宮室車旗衣服之等，禮以考而正之，而貴賤辨矣。仁主於慈愛，義主於斷制，以禮別而用之，而刑賞黜陟當矣。故人君執禮以治國，則政治而君安也。此又承上文而言為國之必以禮也。

故政不正則君位危，君位危則大臣倍，小臣竊。刑肅而俗敝，則法無常。法無常而禮無列，禮無列則士不事也。刑肅而俗敝，則民弗歸也，是謂疵國。倍，步内反。敝，音弊，本亦作弊。疵，才斯反。

鄭氏曰：又為言政失君危之禍敗也。肅，駿也。疵，病也。愚謂禮者所以治政安君，禮失故政不正而君位危，謂掭柄失而無以自安其身也。倍謂悖逆而犯上，則非徒君與臣同國矣，若魯季氏之逐君是也。大臣既倍其君，則小臣亦盜竊國政，若魯陽虎之專政而囚季桓子是也。政出於下而人心不服，故督以威嚴而刑肅民志不定故上下乖離而俗敝刑罰既肅風俗又敝則舊法不足以防姦而至於更張而無常列謂陳列也法者所以輔禮本以無禮而至於法無常而法無常則禮益無列蓋其彼此相因之勢然也上無禮則下無學故士游談而不事刑罰濫則民離心故怨畔而弗歸此節又承上文而言治國無禮則非獨君危於上而其疵病又及於士民也如此則國之不亡者幸而已

廿二